ROSE MARIE DONHAUSER

GRÜNE
SMOOTHIES

**Der Powerdrink aus süßem Obst
und grünem Gemüse**

ROSE MARIE DONHAUSER

GRÜNE
SMOOTHIES

Der Powerdrink aus süßem Obst und grünem Gemüse

südwest

Inhalt

104

Go green
mit GRÜNEN
SMOOTHIES

→ Trendig und doch uralt ist das Wissen um die Kraft der »lebendigen Natur«. Roh, unverfälscht, aus dem Garten frisch zum Verzehr. Doch etwas Neues hat sich ergeben: Das »Grünzeug« kommt in den Mixer – und fertig ist ein grüner Smoothie.

Grüner Smoothie

Der Hunger oder der ungeheure Appetit auf unverfälschte Natur, auf natürliche Nahrung, die nicht – wie heute in der modernen Fast-Food-Ernährung üblich – denaturiert ist, war der auslösende Faktor, dass sich Victoria Boutenko, die Erfinderin der grünen Smoothies, intensiv mit Rohkost beschäftigte. Bereits 1994 stellte sie ihre und die Ernährung ihrer Familie aus krankheitsbedingten Gründen auf Rohkost um, weil sie alternative Heilmethoden zur klassischen Schulmedizin suchte. Dabei stellte sie sich folgende Fragen: Was tut die Nahrung mit uns, wie verarbeiten wir unser Essen im Körper und welchen Input brauchen wir für den entsprechenden Output?

Die in den USA lebende gebürtige Russin recherchierte auch in der Tierwelt, explizit bei den Schimpansen, deren Ernährung zu über einem Drittel aus grünem Blattwerk besteht. Sie suchte Antworten auf die Fragen, wie gesundheitliche Probleme, die in ihrer Familie auftraten, zu beheben seien, und ob die Ursache möglicherweise in einer falschen Ernährung liegen könnte.

Zudem spielte die Erkenntnis eine Rolle, dass wir Menschen zwar Obst und Gemüse essen, der Körper das viele grüne Blattwerk aber – ob als Salat oder Pflanzengrün – nur ungenügend verwerten kann. Dazu müssten wir es wahrscheinlich viel länger kauen und mit den Zähnen zu einer verwertbaren Form zermalmen. Wie also kann man es schaffen, dass die wertvollen Inhaltsstoffe des Grüns vollständig zerkleinert und aufgespalten werden? Wie kann das viele Grün besser verdaut werden? Die Antwort von Victoria Boutenko war denkbar einfach: Alles in den Mixer geben. Das war im Jahr 2002, und seither werden in der Familie Boutenko tagtäglich grüne Smoothies getrunken. Die Freude über die Gesundung der eigenen Familie und das Publizieren dieser Erkenntnisse ließen Frau Boutenko als die »Grüne-Smoothie-Botschafterin« international bekannt werden.

Grüne Experimente

Früher wurde das Grün der Pflanzen, sei es Möhrenkraut, seien es Kohlrabi- oder Radieschenblätter, die Blätter der Roten Bete oder wilde Kräuter am Wegesrand, einfach abgezupft, nicht verwendet oder gar nicht erst bemerkt. Ob aus Gewohnheit, Verwöhntheit oder purer Achtlosigkeit – die

Lange Zeit wurde z. B. von Wurzelgemüse nur die Frucht verzehrt, das Grün wurde entsorgt. Die Zeiten haben sich geändert: Jetzt kommt das »Grünzeug« in den Mixer und wird zu köstlichen grünen Smoothies verarbeitet.

Gründe dafür, warum zwar die Möhren, aber nicht das hübsche Kraut verwendet wurden, mögen verschieden sein. Fakt ist, dass wir wenig darüber wussten. Kann man das Kraut überhaupt essen? Schadet es, wenn zu viel davon gegessen wird? Kaum ein Kochbuch beschäftigte sich bis vor Kurzem mit dem »Grünzeug« – außer vielleicht mit dem Hinweis, es in der Bio-Tonne zu entsorgen. Doch dann befasste sich die Grüne-Smoothie-Erfinderin Boutenko ausführlich mit dem Pflanzengrün und kam zu dem Ergebnis, dass beispielsweise das Kraut von Möhren zwar etwas bitter schmeckt, aber äußerst nährstoffreich ist.

Um nun in den Genuss der gesundheitsfördernden Pflanzen zu kommen, musste ein harmonischer Ausgleich zu der leicht bitter schmeckenden grünen Ware geschaffen werden. Das Ergebnis lässt sich schmecken: ein Teil Pflanzengrün, ein Teil Früchte mit ausgleichender Fruchtsüße und ein Teil Wasser. Der Mixer lief auf Hochtouren, es wurden Experimente mit den verschiedensten Kombinationen gemacht, denn zwar war Gesundheit das oberste Gebot – aber schmecken sollte es halt auch. Die Devise für die flüssigen, grünen Energiespender lautet: schnell zubereitet, leicht verdaulich und total lecker.

Special: **Abnehmen**
mit der grünen Kraft der Natur

Nach den meisten Diäten kommt es knüppeldick: Schnell sind die verlorenen Pfunde wieder da – und oft sogar noch ein paar mehr. Die Ernährungsexperten nennen das den Jo-Jo-Effekt: Der Körper hat sich an die verminderte Kalorienzufuhr gewöhnt. Isst man dann wieder normal, legt er den Überschuss als Polster für schlechte Zeiten an.

Der Jo-Jo-Falle entkommen

Der sicherste und einfachste Weg, dauerhaft abzunehmen bzw. das Gewicht zu halten, ist, das Richtige zu essen und zu trinken. Dazu gehören auch grüne Smoothies: Sie sind nahrhaft und frisch, enthalten viele wichtige Vitamine und machen vor allem auch satt. Ersetzen Sie deshalb, wenn Sie abnehmen wollen, eine bis zwei Mahlzeiten pro Tag durch einen frisch gemixten Smoothie. Das kann Frühstück oder Abendessen, je nach individueller Tagesgestaltung aber auch das Mittagessen sein.

Die Lust, in einen Kräuterstrauß zu beißen

Leider haben wir heute weitestgehend verlernt, auf unseren Körper zu hören – schade, verfügen wir doch über die sogenannte somatische Intelligenz. Das bedeutet, dass unser Körper in der Regel sehr genau weiß, was er braucht, damit wir gesund bleiben und uns wohlfühlen. Oft drückt sich dies darin aus, dass wir Appetit auf etwas Bestimmtes verspüren. Haben wir beispielsweise Lust, in einen Kräuterstrauß zu beißen, kann dies durchaus heißen, dass gerade ganz viel Vitamin C gebraucht wird. Oder wir naschen spontan an Nachbars Kirschbaum und sind uns gar nicht bewusst, dass die somatische Intelligenz Bedarf nach Eisen, Kalium und Phosphor signalisiert. Der Körper sagt uns umgekehrt aber auch, wenn er satt ist und wir mit dem Essen aufhören sollten. Lernen wir wieder, auf die Signale zu hören, bleibt auch das Gewicht in einer gesunden Balance. Regelmäßige Bewegung kann dabei helfen, das somatische Zentrum wieder zu aktivieren.

Den »Rohling« entdecken

Die Natur hält für uns alles bereit, was wir brauchen: »lebendige« Lebensmittel, nicht denaturiert und bearbeitet, sondern in ihrer natürlichen Beschaffenheit, ausgestattet mit einer Fülle an Nährstoffen und Vitaminen. Ernähren wir uns richtig, tritt erst gar kein Vitaminmangel auf, dem wir vorbeugen müssten. Wir fühlen uns wohl in unserem Körper, sind aktiv, energiegeladen und voller Elan. Richtig oder gesund zu essen bedeutet, im Einklang mit der Natur zu leben – und auch die rohe Kost wieder neu zu entdecken.

Es grünt so grün

Beim Einkauf im Supermarkt, im Bio-Markt, auf dem Bauernmarkt oder bei der eigenen Ernte im Garten oder auf dem Balkon zeigt uns das saisonale Angebot, welche Kräuter, Salate, Gemüsesorten und Früchte gerade voller Vitamine und Mineralstoffe stecken. Das Wort »Vitamin« ist eine Zusammensetzung aus »vita« – lateinisch für Leben – und »amin« von Aminosäure; Aminosäuren, die Grundbausteine der Proteine, sind für unseren Körper lebenswichtig. Und genau diese von der Natur geschenkte Pflanzenkost, die mit Vitaminen und Vitalstoffen gespickt ist, hilft auch, das Gewicht zu halten, es gegebenenfalls zu reduzieren und eine richtige, gesunde Ernährungs- und Lebensweise einzuhalten.

Smoothie-Geheimnisse zum Abnehmen

Vitamin C ist als Fettkiller bekannt, da es bei einer schnelleren Fettverbrennung hilft. Doch Vitamin C allein reicht nicht aus, vielmehr braucht es Unterstützung von den B-Vitaminen. Diese helfen uns als »Nervenvitamine«, ruhig und bei guter Laune zu bleiben. Die Vitamine B2, B3 (Niacin), B5 (Pantothensäure), B7 (Biotin) und B12 sind für die Steuerung des Stoffwechsels sowie für den Abbau von Fettzellen zuständig. Auf diese Weise hilft ein vitaminreicher grüner Smoothie dabei, den Körper mit so vielen Vitalstoffen zu versorgen, dass die Fettverbrennung so richtig angeheizt wird.

→ **Grüner Diät-Smoothie:** Dafür 50 Gramm gemischte Wildkräuter (z. B. Brennnessel, Schafgarbe, Sauerampfer) mit 100 Gramm gewürfeltem Ananasfruchtfleisch, 100 Gramm süß-saftigen Orangenstücken, 1 Messerspitze grünem Matcha-Pulver und etwa 250 Milliliter Wasser pürieren und kräftig mixen. Nach Belieben zusätzlich 2 bis 4 Eiswürfel und 1 Spritzer frisch gepressten Zitronensaft hinzufügen.

→ **Bitterstoffe – supergesunde Nährstoffbomben**

Warum wirken sich die Bitterstoffe im Pflanzengrün positiv auf den Organismus aus? Sie sorgen für eine aktive Entsäuerung und verhelfen zu einer gesunden Darmflora. Sie mobilisieren die Abwehrkräfte, stärken also das Immunsystem. Sie senken den Blutdruck und schützen damit vor Bluthochdruck. Darüber hinaus gelten sie als antioxidativ, haben also einen »Anti-Aging-Effekt«. Sie helfen beim Abnehmen, indem sie den Heißhunger sowie die Lust auf Süßigkeiten dämpfen. Sie fordern und fördern die Fettverdauung. Besonders viele wertvolle Bitterstoffe enthalten die folgenden Gemüsesorten, Salate, Kräuter, Wildkräuter und Früchte, die auch in den grünen Smoothies verwendet werden: Chicorée, Endivie, Gänseblümchen, Grapefruit, Ingwer, Löwenzahn, Radicchio, Rucola, Sauerampfer, Orange und Zitrone.

Süßes Obst und grünes Gemüse

Nur grünes Blattwerk, auch wenn es noch so gesund ist, kann schwerlich in Form einer »fad schmeckenden Pflanzenbrühe« getrunken werden. Da heißt es, gut kombinieren und ausprobieren, um in den Genuss eines harmonisch schmeckenden Pflanzen-Früchte-Trunks zu kommen: Eine süße Banane oder Birne, eine süße Mango oder Kiwi etwa sind immer gute, da fruchtzuckersüße Geschmacksträger.

Viele Anfänger starten mit etwas mehr Obst, um sich allmählich von der Fruchtsüße zu verabschieden. Zu Beginn kann der Fruchtanteil durchaus 60 Prozent und der Anteil der grünen Blätter 40 Prozent betragen. Nach einer gewissen Eingewöhnungszeit werden die Prozentanteile dann einfach umgedreht. Und für ein individuelles Geschmackserlebnis bleibt noch eine Menge Spielraum, je nach Früchte- oder Blattgrünvorlieben.

Beim Mixen können im Gegensatz zum Entsaften nahezu alle Pflanzenteile verwendet werden. Dadurch bleiben die Ballaststoffe erhalten, die länger sättigen und verhindern, dass der Blutzuckerspiegel zu schnell ansteigt. Beim Entsaften entfallen die Ballaststoffe und landen im Bio-Müll.

So viel Gesundheit
auf einmal

Wenn Sie sich darauf einlassen, es mit dem grünen Blättertrank einmal zu probieren, und sich vielleicht sogar entschließen sollten, die grünen Power-Drinks zum festen Bestandteil Ihrer täglichen Ernährung zu machen, wird es Ihnen Ihre Gesundheit im Laufe der Zeit in Form eines spürbar verbesserten Wohlbefindens danken. Doch zu Anfang kann die Umstellung durchaus Probleme bereiten. Zum einen, weil es sich um rohe Zutaten, also um nicht behandelte, gekochte oder fermentierte Nahrung handelt.

Zum anderen, weil sich jede Veränderung in der Ernährung in irgendeiner Form auf uns auswirkt, sei es die Umstellung von Mischkost auf eine vegetarische Ernährung oder von ungesundem Fast Food auf eine naturbelassene Küche. Dies kann sich vorübergehend z. B. in Kopfschmerzen, Müdigkeit, Hautunreinheiten oder Schlafstörungen zeigen.

Aus diesem Grund sollte eine sanfte Umstellung erfolgen: Einsteiger sollten nicht ausschließlich grüne Smoothies trinken, sondern sie mit anderen Nahrungsmitteln kombinieren. Zu Beginn empfiehlt sich ein Smoothie pro Tag, vielleicht als Frühstück oder Zwischenmahlzeit, aber auch in Verbindung mit einem gesunden Mittag- oder Abendessen. Ein grüner Smoothie kann beispielsweise eine Mahlzeit pro Tag ersetzen.

Grüner Smoothie als heilendes Getränk

Grüne Smoothies helfen dabei, einen übersäuerten Organismus wieder ins Gleichgewicht zu bringen, indem sie für einen ausgewogenen Säure-Basen-Haushalt sorgen. Aus dem Lot geraten kann der Organismus durch sogenannte Säurebildner wie zu viel Fleisch oder generell tierisches Eiweiß, aber auch ein Übermaß an Kaffee oder Zucker. »Drink Green Shakes« heißt der Gesundheitstrend, bei dem Vitamine, Ballaststoffe, Proteine, Mineralstoffe, Spurenelemente, Enzyme und Antioxidanzien schnell und unkompliziert aufgenommen werden. Vor allem basenbildende Kost wie grüne Blattsalate und grünes Gemüse sowie Kräuter, geschmacklich harmonisch mit reifen Früchten gemixt, schafft einen Ausgleich und schenkt dem Körper neue Energie. Grüne Smoothies wirken das ganze Jahr über, speziell aber in der kälteren Jahreszeit wie flüssige Vitaminbomben und stärken das Immunsystem.

Saisonale Frische pur mixen

Das Wichtigste bei einem grünen Smoothie ist die absolute Frische der Zutaten. Diese hat oberstes Gebot und kann nur saisonal und letztlich regional erreicht werden. Daher sollten Smoothie-Fans den Jahreszeiten entsprechend auf das frische Angebot achten und sich spontan für gartenfrische Salate und Kräuter entscheiden. Speziell Wildkräuter, siehe dazu auch das Special ab Seite 16, sind für die Smoothie-Zubereitung perfekt geeignet, sowohl wegen ihres würzigen Geschmacks als auch wegen ihrer reinigenden, aufbauenden Wirkung. Beim Mixen und intensiven Pürieren werden die Texturen der Grünpflanzen aufgebrochen und so fein zerkleinert, dass die grünen Getränke wie flüssige Nährstoffkonzentrate wirken. Ein Mixer zerkleinert die wertvollen Inhaltsstoffe viel besser, als das je durch Kauen geschehen könnte. Damit ist das »Grünzeug« besser verdaulich. Wie ein Vitaminstoß, ein Power-Kick wirkt das flüssige Grün – und schmeckt dabei noch so lecker.

Im Grün der Pflanzen stecken oft die meisten Nährstoffe. Das macht den grünen Smoothie so gesund.

→ Das Zauberwort lautet »Chlorophyll«

Pflanzen erhalten ihre grüne Farbe durch Chlorophyll. Dieser Pflanzenfarbstoff wird, vereinfacht ausgedrückt, in den Blättern als »gebündeltes Sonnenlicht« absorbiert und macht die Pflanzen somit zu einem wahren Füllhorn an Vitaminen, wertvollen Nährstoffen, gesunden Fettsäuren und Spurenelementen. Je dunkler das Grün einer Pflanze, umso mehr Chlorophyll enthält sie. Diese geballte Pflanzenkraft hilft, körpereigene Entgiftungsenzyme zu aktivieren und zudem freie Radikale zu neutralisieren. Grüne Smoothies mit Kräutern, grünem Blatt- und Salatgemüse sowie Weizengras weisen Chlorophyll in reichlicher Menge auf – ein Gesundheitskick erster Klasse.

Rohes Getränk –
frisch aus dem Mixer

Für die Zubereitung grüner Smoothies brauchen Sie einen sehr guten Standmixer mit hoher Leistung, am besten einen Hochleistungsmixer ab 30 000 Umdrehungen pro Minute, der die grünen Blätter bis auf die Zellulosewände zerkleinert und püriert, sodass die einzelnen Pflanzenzellen aufgebrochen werden. Da die wichtigen Pflanzenbestandteile innerhalb dieser Zellen liegen, werden die aufgespaltenen Pflanzenfasern vom Körper vollständig aufgenommen. Bei der Verwendung eines Mixers mit weniger Umdrehungen können hingegen Probleme auftreten: Das Pürieren dauert dann so lange, dass der Mixer warm oder sogar heiß läuft und sich die Zutaten erwärmen. Das hat zum einen einen Nährstoffverlust zur Folge, zum anderen werden die Zutaten nicht ausreichend zerkleinert. Hier ist also technische Qualität gefragt.

Grüne Smoothies können auch rot sein

Die Bezeichnung »grüne« Smoothies soll lediglich den Unterschied zu den aus Früchten, Säften und Milchprodukten hergestellten Kollegen signalisieren. Die grünen Zutaten haben unterschiedlich kräftige Farben; so verleiht beispielsweise Spinat dem Getränk ein dominantes Grün, Eisbergsalat hingegen ergibt eine sehr helle grüne Farbe. Mixt man das sanfte Grün von frischem Kohl mit dem kräftig beerigen Rot von Johannisbeeren, bekommt der »grüne« Smoothie eine auffällig rote Farbe. Die Farbpalette kann von braungrün, gelb- oder rotgrün bis hin zu saftig-sattem Grün reichen.

Der Smoothie lebt von seiner Frische

Die Rezepte in diesem Buch sind nach Jahreszeiten geordnet und bieten somit saisonal, aber auch regional ein echtes Frischeerlebnis. Ein besonderes Augenmerk lag bei der Entwicklung der Rezepte auf dem Aspekt, dass sie speziell für Einsteiger unkompliziert und mit wenigen Zutaten zubereitet werden können. »Für Einsteiger« bedeutet aber auch, dass die Menge des fertigen Getränks auf etwa 500 Milliliter berechnet wurde, gewissermaßen zum Eingewöhnen.

Ziemlich schnell werden Sie Ihren persönlichen Geschmack einbringen und eventuell die eine oder andere Zutat durch eine Alternative ersetzen. Wer also keinen Feldsalat oder Eisbergsalat mag, kann ebenso gut Rucola oder Kopfsalat verwenden. Wer kein Bananenfreund ist, wird vielleicht auf Birne oder Mango zurückgreifen.

Quer durch die Felder und Wälder, am Wegesrand und an verborgenen Plätzen können die Kräuter ihre »wilde Seite« ausleben. Lange Zeit haben wir sie nur auf Waldlichtungen betrachtet, aber nicht in Erwägung gezogen, dass diese wilden Kräuter ein ungeheures Potenzial an Aromen sowie ein ganzes Spektrum an sekundären Pflanzenstoffen bieten und somit einen ernährungsphysiologisch wertvollen Beitrag leisten.

Ein Bouquet an Aromen

Das wilde Pflanzengrün, ob essbare Wildpflanzen oder Wildkräuter, wächst bunt gemischt in einer Aromenkomposition, die der Natur so schnell niemand nachmachen könnte. Lange Zeit führten Brennnessel, Schafgarbe, Sauerampfer, Gänseblümchen und Vogelmiere, um nur die bekanntesten und beliebtesten Pflanzenvertreter zu nennen, ein Schattendasein, denn niemand interessierte sich für die unscheinbaren Gewächse, die als grüner Teppich wild wuchernd Straßenränder, Waldlichtungen und Äcker säumen.

Ebenso wild und bunt gemischt bieten die Kräuter eine Vielfalt an geschmacklich interessanten Aromen, die einander ergänzen und bereichern – kräftig und herb, sattgrün und dominant, hellgrün und mild. Deswegen werden sie auf Bauern- und Bio-Märkten, in Online-Shops oder in Gärtnereien auch stets als Wildkräutermix oder auch mit essbaren Wildblumen gespickt angeboten, die als Augen- und Gaumenschmaus zusätzliche Farbakzente setzen. Doch die Wildkräuter sind nicht nur köstlich, sie strotzen auch nur so vor gesunden Inhaltsstoffen. So enthält beispielsweise die Vogelmiere dreimal mehr Kalium und Magnesium, mehr als doppelt so viel Kalzium und etwa das Achtfache an Eisen als Kopfsalat.

Brennnesseln sammeln

In der Heilkunde zählt die Brennnessel zu den ältesten Heilkräutern. Es gibt die große und die kleine Brennnessel; beide verfügen über Brennhaare, die jedoch mit Handschuhen vom unteren Teil der Pflanze nach oben abgestreift werden können. Von April bis Juni kann man die jungen Brennnesselblätter pflücken, aber auch noch bis in den Herbst hinein, da die Pflanze das ganze Jahr über neu treibt. Sie sollte möglichst an geschützten Stellen, an Hecken, Gebüschen oder an Gräben gepflückt werden, nicht an Straßenrändern, wo die Schadstoffbelastung hoch ist. Die gezackten Brennnesselblätter schmecken leicht bitter, haben aber eine blutreinigende, blutbildende, leicht harntreibende und stoffwechselanregende Wirkung.

Giersch entdecken

Das wohlschmeckende Wildgemüse, auch Geißfuß genannt, bevorzugt halbschattige Stellen in Wäldern, Parks, Gebüschen und Gärten. Speziell von April bis Juni werden junge Blätter geerntet; bis in den Herbst hinein können sie noch gesammelt werden, weil die Pflanze immer wieder nachwächst. Die jungen Blättchen haben einen fein-herben Geschmack, ältere Blätter schmecken petersilienähnlich. Sie erkennen die länglichen Blätter an den gezackten bzw. gesägten Rändern. In der Naturmedizin wird Giersch bei Gicht und rheumatischen Erkrankungen eingesetzt.

Oft gehen wir achtlos an ihnen vorbei, doch sind die Wildkräuter am Wegesrand – darunter Brennnessel (oben), Giersch (Mitte) und Löwenzahn (unten) – nicht nur wahre Nährstoffbomben, sondern auch höchst aromatisch.

Löwenzahn frisch von der Wiese

Junge Blätter und Blattrosetten können von April bis Mai gesammelt werden, um für den grünen Smoothie Verwendung zu finden. Der Geschmack ist mild-bitter bis herb, in puncto Gesundheit wirken die saftig-grünen Blätter stoffwechselanregend und leicht harntreibend. Zudem beeinflussen sie die Gallensekretion positiv.

... und dazwischen ein paar Gänseblümchen gepflückt

Das ganze Blümchen ist essbar: Die weißen Blüten mit dem gelben Kern, die Blätter und sogar die Stängel. Gänseblümchen wachsen rund um das Jahr, sie können das ganze Jahr hindurch gesammelt werden. Die hübschen Blümchen schmecken leicht herb bis leicht bitter und wirken ausgesprochen stoffwechselanregend. Am besten ein paar Gänseblümchen mitmixen und einige Blüten für die Deko verwenden.

Ein wilder Smoothie

Eine Wildkräutermischung für einen Smoothie kann aus einer harmonisch abgestimmten Mischung aus Brennnessel, Frauenmantel, Gundermann, Kletten-labkraut, Nelkwurz und Weißdornblättern bestehen. Vielfach finden sich in den Mischungen mindestens fünf, meist bis zu zwölf verschiedene Wildpflanzen, je nach Saison und tagesfrischem Angebot. Unter den Wildpflanzen könnten sich Ackersenf, Ackerveilchen, verschiedene Ampfersorten, Baldrian, Barbarakraut, Fingerkraut, Gänseblümchen, Giersch, Glockenblume, Hederich, Hopfen, Löwenzahn, Rauke, Sauerampfer, Schafgarbe, Taubnessel, Vogelmiere, Wegerich, Wegwarte, Wiesenbärenklau oder Wiesenschaumkraut befinden.

→ **Wild Mango Jump:** Dafür 2 süße saftige Mangos schälen, das Fruchtfleisch vom Kern schneiden und zerkleinern. 50 Gramm Wildkräuter (z. B. Brennnessel, Vogelmiere und Rauke) waschen, trockenschütteln und klein schneiden. Mangofruchtfleisch und Wildkräuter mit etwa 200 Milliliter Wasser zu einem köstlichen Smoothie mixen.

→ Frische auch im Winter

Da frische Wildkräuter im Winter nicht zu bekommen sind, sollten Sie für die kalte Jahreszeit vorsorgen. Dazu die frischen Kräuter wie beispielsweise Löwenzahn klein hacken und portionsweise einfrieren. Bei Bedarf einfach eine Portion TK-Wildkräuter in den Smoothie mixen. So einfach geht das.

Die berechnete Menge von 500 Milliliter entspricht 2 Gläsern. Die können Sie entweder zu zweit frisch aus dem Mixer genießen oder Sie füllen den Rest in ein Glas, verschließen es luftdicht mit Klarsichtfolie und stellen es in den Kühlschrank.

Oft heißt es, ein Smoothie halte sich gekühlt bis zu 3 Tage lang frisch. Doch um die Frische der Natur wirklich zu erhalten und zu spüren, sollte der gekühlte Smoothie möglichst noch am selben Tag getrunken werden. Rühren Sie ihn dafür gründlich durch und füllen Sie ihn in ein frisches Glas um. Einfrieren empfiehlt sich nicht, denn ein Smoothie lebt von seiner Frische. Und schließlich ist der gesunde Grüne ja auch in Minutenschnelle zubereitet.

Küchenkräuter wie beispielsweise Basilikum oder Thymian stehen im Gegensatz zu Wildkräutern das ganze Jahr über frisch zur Verfügung und sind im Supermarkt in Töpfen erhältlich.

Vitaminkick
für mehr Energie

Ein Kick, ein neuer Impuls macht Schluss mit unserer vermeintlichen Müdigkeit oder Unlust. Vermeintlich, da wir vielleicht nur vorübergehend mit Vitaminen unterversorgt sind, was sich durch körperliche Symptome wie ein Leistungstief, eine geringe Belastbarkeit, Antriebslosigkeit und deutliche Anzeichen von Anstrengung bemerkbar macht. Ein Signal dafür, dass die Vitamindepots wieder aufgefüllt werden müssen.

Unser Körper kann nur bestimmte Vitamine speichern, die wir mit der Nahrung zu uns nehmen. Von einigen Vitaminen kann er keinen Vorrat anlegen, sie müssen laufend zugeführt werden. Speicherbar ist in erster Linie die Gruppe der fettlöslichen Vitamine, zu der beispielsweise die Vitamine A, D, E und K gehören. Nicht speichern kann der Körper hingegen wasserlösliche Vitamine wie etwa die Vitamine des B-Komplexes und Vitamin C. Die Eigenschaften all dieser Vitamine aufzuzählen würde den Rahmen dieses Buches sprengen, doch eines ist gewiss: Wird der Körper mit einer ausreichend vielfältigen Ernährung versorgt, gilt auch die komplexe Vitaminversorgung als gesichert.

Herrlich erfrischende Vitamin-Dusche

Die essenziellen Wirkstoffe aus der Natur – allgemein als Vitamine bekannt – sind für den menschlichen Organismus und im direkten Zusammenhang mit der Leistungsfähigkeit (über)lebensnotwendig. Dabei gleicht die Ernährungsmischung aus der Natur einer inneren Vitamin-Dusche. Auch wenn beispielsweise Paprikaschoten und Orangen als gute Vitamin-C-Lieferanten bekannt sind, so haben diese Pflanzen noch jede Menge

Mutter Natur versorgt uns vor allem im Sommer mit einer ungeheuren Vielfalt an Obstsorten, die nicht nur herrlich schmecken, sondern auch wertvolle Vitamine und andere Nährstoffe enthalten.

andere Mineralstoffe und Vitamine zu bieten. Zarte junge Spinatblätter etwa enthalten Vitamin C, Vitamin K, Beta-Karotin, Kalium, Magnesium und Eisen, und der allseits beliebte Apfel strotzt vor über 30 Vitaminen, Mineralien und Spurenelementen, darunter Kalium, Phosphor, Kalzium, Magnesium und Eisen. Apropos Apfel: Der Spruch »An apple a day keeps the doctor away« ist nach wie vor zeitgemäß und entspricht der modernen Ernährung, denn alles, was an Wirkstoffen aus der Natur im Apfel steckt, wirkt wie eine Vitamin-Dusche.

Nach Regenbogen-farben trinken

Einen echten Vitaminkick bekommen wir, wenn wir uns aus der Vielfalt der Natur möglichst saisonal, regional und damit frisch bedienen. Abwechslung ist gefragt, denn es ist nicht nur langweilig, sondern auf Dauer auch nicht gesund, wenn immer das Gleiche im Mixer landet. Es können auch Unverträglichkeiten entstehen, wenn der Körper zu einseitig mit Nährstoffen versorgt wird. Stellen Sie sich also bei der Auswahl der Zutaten für Ihre Green-Power-Smoothies einen Regenbogen vor: Es sollten möglichst alle Farben vertreten sein. Neben dem Grün von Wildpflanzen und Kräutern, von Gurke

Genuss nach dem Regenbogenprinzip: Wählen Sie die Zutaten für Ihren Smoothie möglichst bunt aus.

und Salaten gibt es noch eine ganze Palette anderer Grüntöne: das Dunkelgrün von Mangold, Pak Choi und Brokkoli, das Hellgrün der Kiwi, das leuchtende Grün des jungen Spinats und das matte Grün des Bärlauchs. Vergessen Sie außerdem nicht das Weiß von Banane und Drachenfrucht, das Rot von Himbeeren und Erdbeeren, das Gelb von Zitrone und Ananas, das Orange von Aprikosen und Orangen und das Violett der Blaubeeren. Da kommt lila Laune auf, und das oberste Gebot lautet: Hauptsache bunt!

Special: **Trinken**
macht schön

Das, was wir essen und trinken, sollten wir mit Bedacht zu uns nehmen, denn schließlich wollen wir uns gut fühlen und strahlend aussehen: glänzende Haare, frische Haut, schöne Nägel. Diese Schönheitsbehandlung »von innen« ist die beste Investition in uns selbst. Schöpfen Sie dabei aus der Kraft der Natur. Von Hippokrates, dem berühmtesten Arzt des Altertums, ist der Ausspruch überliefert: »Lass die Nahrung deine Medizin sein.« Und das gilt nicht nur für die Gesundheit, sondern auch für unser Äußeres.

Green Beauty

Mit grünen Smoothies ist es ein Leichtes, sich schön zu trinken, denn fein püriert wird die »lebendige Nahrung« zum flüssigen Schönheitselixier. Oft essen wir heute zu viele denaturierte Produkte, die alle eines gemeinsam haben: Die Fertigprodukte machen mit ihren »leeren Kalorien« zwar satt, sind aber keineswegs gesund und leisten somit auch keinen Beitrag zur Schönheit. Dabei ist es kein großer Aufwand, sich das »Living Fast Food« aus frischen Lebensmitteln selbst zuzubereiten. Keine Inhalts- und Zusatzstoffe, nur Natur pur im Glas – eine innerliche Anwendung, die nach außen strahlt!

Die Vitalstoffe der Küchenkosmetik

Das Schönheitsvitamin für Haut und Haar, das zahlreiche Stoffwechselprozesse in unserem Körper unterstützt, heißt Biotin – ein Vitamin aus dem B-Komplex. Andere B-Vitamine wie B2, B6 und B12 sorgen u. a. für gute Nerven; Folsäure ist an der Zellteilung beteiligt, und Vitamin C ist der Radikalfänger schlechthin. Zink fördert darüber hinaus die Zellteilung von Haar und Kopfhaut, und Kupfer unterstützt die Haarpigmentierung sowie das Wachstum der Haare.

In seiner Eigenschaft als Radikalfänger fördert das Supervitamin C auch die Schönheit der Haut: Es macht sie glatt und rosig und – durch seine Beteiligung an der Kollagenproduktion – elastisch und fest. Rundherum bieten diese Vitamine ein gut geschnürtes Schönheitspaket, das sich mit den entsprechenden Pflanzenblättern und Früchten schnell und unkompliziert in der Küche herstellen lässt.

Bessere Aufnahme im Darm

Grüne Smoothies sind ein ideales Roh-kostgetränk, das dafür sorgt, dass die wertvollen Vitalstoffe im Körper besser aufgenommen und an die Stellen, an denen sie gebraucht werden, transportiert werden können. Der Mixer zerkleinert die Inhaltsstoffe viel besser, als wir dies durch einfaches Kauen erreichen könnten. Die Pflanzenfasern und deren hohe Nährstoff-dichte werden aufgebrochen und rutschen so nicht teilweise unverdaut durch den Darm. Dabei kommt es vor allem auf den Anteil von grünen Blättern wie Radieschen-, Rote-Bete- oder Kohlrabiblättern an, da diese oftmals eine höhere Nährstoffkon-zentration aufweisen als das zugehörige Gemüse. Früher wurden sie oft vernach-lässigt und als Hasenfutter abgerupft. Erst durch die Grüne-Smoothie-Welle hat man sie wiederentdeckt – als Geschmacks- und Nährstoffträger.

Ohne Wasser läuft nichts

Unsere Körperzellen benötigen ein Leben lang genügend Wasser, um richtig funk-tionieren zu können. Vor allem dient das Wasser dazu, Nährstoffe und andere was-serlösliche Substanzen zu transportieren, Informationen zu übermitteln und die Ab-bauprodukte des Stoffwechsels sowie Gifte aus dem Körper auszuscheiden. Trinken wir zu wenig, macht sich rasch ein Mangel an Konzentration und Leistungsfähigkeit bemerkbar. Mittlerweile gibt es auch eine Wasser-App, die mit dem Aufblinken von einem Glas Wasser auf dem Handy-Display, daran erinnert, zu trinken. Denn vielfach wird das Trinken vergessen – und erst bei Müdigkeit, Kopfschmerzen oder Unwohl-sein heißt es: »Ach, ich habe ja gar nichts getrunken«. Auch ein grüner Smoothie mit Pflanzengrün, Früchten und Wasser ist eine ideale Maßnahme, um schön und geistig fit zu bleiben.

→ **Cocktail mit Schönheitsvitaminen:** Dazu das reife cremige Fruchtfleisch von 1 Avocado, den Saft von 1 Limette, 1 in Scheiben geschnittene Banane, 50 Gramm junge Spinatblätter, 1 zerkleinertes Aloe-Vera-Blattstück (etwa 50 Gramm, in Bio-Gärt-nereien erhältlich), 1 klein geschnittene Birne oder 1 klein geschnittenen Apfel mit etwa 200 Milliliter Wasser in den Mixer geben und kräftig mixen.

Zutaten für das
grüne Powergetränk

Die Basis eines grünen Smoothies bilden drei Komponenten: Pflanzengrün, Früchte und Wasser – zu je gleichen Teilen. Wem dies speziell als »Smoothie-Einsteiger« etwas zu herb schmeckt, kann mit ein wenig mehr Obst starten. Reduzieren Sie dann nach Geschmack allmählich den Obstanteil, um sich von der Fruchtsüße sanft zu verabschieden.

Weitere Zutaten außer Pflanzengrün, Früchten und Wasser sind nicht nötig, bilden aber die »Kür« einer individuell kreativen Zubereitung. Experimentieren Sie ruhig mit Gewürzen, Nüssen und Samen sowie Trockenobst bis hin zu Süßungsmitteln – Ihrer Fantasie sind keine Grenzen gesetzt.

Basiszutaten für die Rezepte in diesem Buch

→ **»Grünzeug«**
Salate, Kräuter, Sprossen und zudem alle essbaren Blätter von Sträuchern, Bäumen und Gemüsen

→ **Salatkorb**
Batavia bionda und rosso, Chicorée, Eichblatt, Eisberg, Endivie, Feldsalat, Friséesalat, Kopfsalat, Lollo rosso, Pflücksalate, Portulak, Postelein, Radicchio, Romanasalat, Rote-Bete- und Radieschenblätter, Rucola

→ **Kräuterkorb**
Basilikum, Brunnenkresse, Koriander, Petersilie, Wildkräuter (siehe S. 16ff.)

→ **Gemüsekorb**
Avocados, Chinakohl, Grünkohl, Ingwer, Kohlrabiblätter, Mangold, Möhrengrün, Pak Choi, Salatgurken, Spinat und Babyspinat, Stangensellerie, Tomaten, Wirsing

Bedienen Sie sich bei der Zubereitung Ihres grünen Smoothies reichlich aus dem saisonalen und regionalen Angebot von Obst, Gemüse und Kräutern. Je größer die Vielfalt, desto abwechslungsreicher der Geschmack. So wird der Smoothie garantiert nie langweilig!

→ Früchtekorb

Alle heimischen Obstsorten sowie exotische/ tropische Früchte als Import: Ananas, Äpfel, Bananen, Birnen, Datteln, Drachenfrüchte, Feigen, Granatäpfel, Grapefruits, Guaven, Himbeeren, Kakifrüchte, Kiwis, Limetten, Mandarinen, Mangos, Maracujas, Melonen, Orangen, Papayas, Pfirsiche, Physalis, Pomelos, Rhabarber, Sternfrüchte, Weinbergpfirsiche, Weintrauben, Zitronen, Zwetschgen

Nach Belieben und Geschmack

→ Agavendicksaft

Dieser wird teelöffel- oder tropfenweise zum Süßen verwendet. Der Dicksaft aus der Agavenpflanze kommt vielfach als Alternative zu Zucker zum Einsatz.

→ Ahornsirup

Dieses ebenfalls beliebte Süßungsmittel wird aus dem eingedickten Saft des Zuckerahorns hergestellt.

→ Algen

Sie enthalten wichtige Mineralstoffe wie Magnesium, Mangan sowie Jod und sind äußerst kalorienarm. Die bekanntesten Sorten sind Kombu, Hiziki, Wakame und Nori. Einfach frisch waschen, klein schneiden und als

Würze im Smoothie mitmixen. Es gibt sie auch als Flocken und als Pulver.

→ Apfeldicksaft

Je nach gewünschtem Fruchtaroma eignet sich auch der eingedickte Saft von Äpfeln sehr gut zum Süßen.

→ Birkensüß

Dieses Süßungsmittel ist auch als Xylitol bekannt und stellt eine gute Alternative zu herkömmlichem Zucker dar, da es rund 40 Prozent weniger Kalorien enthält. Die natürliche Süße wird aus Birken gewonnen. In Aussehen und Geschmack ähnelt Birkensüß normalem Zucker, nur dass diese Zuckerart keine Karies verursacht und sogar hilft, die Erkrankung zu verhindern.

→ Birnendicksaft

Der dickflüssige, braune, eingedickte Saft von Birnen eignet sich ebenfalls zum Süßen.

→ Chiasamen

Die mild nussig schmeckenden Samen stammen aus Südamerika, wo sie schon seit je zu den Grundnahrungsmitteln zählen. Bei uns wurden sie aufgrund ihrer positiven Eigenschaften als »Superfood« entdeckt. Sie weisen beispielsweise die zweifache Menge an Eiweiß im Vergleich zu anderen Samen oder Getreidesorten auf und haben fünfmal so

Trockenobst bietet nicht nur geschmackliche Varianten, es verleiht dem Smoothie bei Bedarf auch mehr Süße.

viel Kalzium wie Milch. In der vegetarischen oder veganen Ernährung sind Chiasamen als Beigabe sehr beliebt: Schon 1 Teelöffel Chiasamen pro Tag soll den Körper mit allen wichtigen Nährstoffen versorgen. Bei der Smoothie-Zubereitung sollten Sie allerdings bedenken, dass Chiasamen, die mit Flüssigkeit aufgegossen werden, zu einem Gel aufquellen. Weichen Sie deshalb nicht mehr als 1 Teelöffel Chiasamen in etwa 100 Milliliter Wasser kurz ein und fügen Sie sie erst dann zu den anderen Zutaten im Mixer hinzu.

→ Kokosmilch
Dabei handelt es sich um das geriebene Fruchtfleisch der Kokosnuss, das zu »Milch« gepresst wird.

→ Kokoswasser
Das klare Wasser stammt aus dem Inneren der frischen Kokosnuss.

→ Mandelmus
Mandelmus besteht zu 100 Prozent aus blanchierten, geschälten und dann zermahlenen Mandeln.

→ Matcha-Pulver
Der gemahlene Grüntee hat auch als »Superfood« Karriere gemacht. Im grünen Smoothie kann 1 Messerspitze Matcha-Pulver oder etwas mehr geschmacklich sehr fein sein.

→ Stevia
Das natürliche Süßungsmittel wird aus der Steviapflanze, auch Süßkraut, Honigkraut oder Süßblatt genannt, gewonnen. Die Süßkraft ist im Vergleich zu Haushaltszucker aus Zuckerrüben über 30-mal stärker. Also vorsichtig verwenden.

→ Trockenfrüchte
Getrocknete Früchte von Äpfeln, Birnen, Datteln, Aprikosen, Pflaumen und exotischen Früchten sind ebenfalls gute Süßungsmittel. Dazu einweichen und einfach für den Mixer klein schneiden.

Hinweise für die
Smoothie-Zubereitung

→ Smoothies leben von ihrer Frische. Qualität und Frische der Zutaten sollten gewährleistet sein. Verwenden Sie keine konservierten Früchte wie beispielsweise Dosen- oder Glasfrüchte, denn diese beinhalten zudem auch eine Menge Zucker.

→ Trinken Sie Smoothies möglichst immer frisch zubereitet. »Grünzeug« und Früchte waschen, zerkleinern und mit Wasser, je nach Belieben, ab in den Mixer. Das dauert keine zehn Minuten!

→ Wer mit grünen Smoothies abnehmen möchte, sollte gewisse Zutaten, die fettreich sind, meiden oder reduzieren. Verwenden Sie Avocados nicht zu üppig und gehen Sie sparsam mit Kokosmilch & Co. sowie Reis-, Soja-, Hafer- und Mandelmilch um.

Wasser, nach Belieben mit Zitrone aromatisiert, ist ein wichtiger Bestandteil des grünen Smoothies.

→ Die »klarste« und gesündeste Nullkalorien-Beigabe ist Wasser. Die Empfehlung von 60 Prozent Salat- und Blattgemüse vermindert auch die Kalorien der Früchte. Je mehr Pflanzengrün, desto weniger Kalorien hat ein grüner Smoothie.

→ Wer sich auf »lebendige Nahrung« in Form von Pflanzengrün und Früchten beschränkt, erhält ein gesundes Getränk. Ist es in Bio-Qualität, möglicherweise auch noch frisch gepflückt, geht in puncto Gesundheit kaum mehr. Es ist jedoch jedem selbst überlassen, zusätzlich teures »Superfood« wie Chiasamen, Proteinpulver, Weizengraspulver oder Chlorella-Algenpulver in seinen Smoothie zu mixen.

→ Um einen Smoothie nach persönlichem Geschmack zusätzlich zu süßen, sind verschiedene Zutaten oben aufgelistet (siehe S. 25f.). Sie sollten allerdings auf die Fruchtsüße setzen, wenn denn mehr Süße gewünscht ist. Das kann durch Trockenfrüchte wie z. B. Datteln oder durch sehr reife Bananen geschehen. Ist eine Bananenschale schwarz, dann zugreifen, denn das bedeutet, dass sich die Stärke im Fruchtfleisch während der Reife- und Lagerzeit in Zucker umgewandelt hat. Je heller oder grüner Bananen sind, desto mehr Stärke enthalten sie – und desto weniger süß schmecken sie.

Grüne SMOOTHIES »Primavera«

Im Frühling, wenn die ersten Pflänzchen sprießen, das saftige Grün durchschimmert und sich kraftvoll durchsetzt, schmeckt die Natur besonders gut. Zarte Pflanzenblätter, genährt von »Terra Madre«, dem fruchtbaren Boden von Mutter Erde, machen Lust, diese zu einem köstlichen Getränk zu pürieren, um »lebendige Natur« zu trinken und dadurch mit frischem Elan in den Tag zu starten. Ob Sie nun einen grünen Smoothie als Frühstück, Zwischenmahlzeit oder zu einer anderen für Sie geeigneten Tageszeit trinken – das grüne Getränk wird Ihnen Schwung und viel Gesundheit verleihen. Feldsalat, Lauch, Möhren mit frischem Grün, vor allem frische Kräuter und vieles mehr schüren den Appetit auf Frühlingsgefühle.

→ Ananas, Äpfel, Avocados, Babyspinat, Bananen, Birnen, Granatäpfel, Himbeeren, Kiwis, Kopfsalat, Mandarinen, Mangos, Möhren, Orangen, Papayas, Petersilie, Pfirsiche, Pflücksalate, Physalis, Rhabarber, Romanasalat, Rucola, Salatgurken, Sellerie, Spinat, Wildkräuter

Frühtau

→ Für Einsteiger → aromatisch
→ wilder Kräuterkick

Für etwa 500 ml
80 g Wildkräuter,
z.B. Wegerich, Löwenzahn,
Giersch
2 Mandarinen
2 kleine, reife Bananen

Zum Garnieren
2 lange Holzspieße

Zubereitungszeit
10 Minuten

1 Die Wildkräuter verlesen, waschen, trockenschütteln und quer etwas kleiner schneiden. Die Mandarinen schälen, in Spalten teilen und die Hälfte davon auf die Holzspieße stecken. Die Bananen schälen und in grobe Stücke schneiden.

2 Die Wildkräuter, die restlichen Mandarinenspalten und die Bananenstücke mit etwa 200 Milliliter Wasser in den Mixer geben. Langsam starten, auf Höchststufe kräftig aufmixen und fein pürieren. In Gläser füllen und mit den Mandarinenspießen garniert servieren.

Tipps → Je reifer Bananen sind, umso aromatischer und süßer schmecken sie. Sobald sich Bananenschalen von der grünlich-gelben Farbe in Gelb mit schwarzen Flecken (ver)färben, schmecken sie zunehmend süßer. Während der Reifephase wandelt sich die Stärke in Zucker um. → Verwenden Sie möglichst saftig-süße Mandarinen ohne Kerne. Andernfalls sollten die Mandarinenkerne entfernt werden, da sie den Smoothie sonst zu bitter machen würden.

Yoga-Green

→ **Ausgleichend** → **fruchtig**
→ **exotisch**

1 Die Mangos schälen und das Fruchtfleisch vom Kern schneiden. 1 Mango in Stückchen schneiden und auf die Holzspieße stecken, die anderen beiden etwas kleiner schneiden. Den Babyspinat verlesen, unter fließendem kaltem Wasser waschen und anschließend gründlich abtropfen lassen. Die Blätter eventuell etwas kleiner schneiden.

2 Mangofruchtfleisch, Spinat, Weizengraspulver und Birkensüß mit etwa 200 Milliliter Wasser in den Mixer geben. Auf kleiner Stufe starten und dann bei Höchststufe alles cremig pürieren. In Gläser füllen und mit den Mangospießen garniert servieren.

Für etwa 500 ml
**3 kleine Mangos,
z.B. Thai-Flugmangos
100 g Babyspinat
1 TL Weizengraspulver
(siehe Tipp)
1 EL Birkensüß (siehe S. 25)**

Zum Garnieren
2 lange Holzspieße

Zubereitungszeit
10 Minuten

Tipp → Getrocknetes Weizengras in Pulverform und in Bio-Qualität gibt es in Reformhäusern und in Online-Shops. Es kann über Speisen gestreut oder wie hier im Smoothie durch das Vermischen mit Flüssigkeit aufgelöst werden. Weizengras ist speziell in den letzten Jahren als schneller Energielieferant sowie als reichhaltiges Vitalstoffangebot wiederentdeckt worden.

Green Coco Kiss

→ Fruchtig → nussig
→ schmeckt auch Kindern

1 Den Babyspinat verlesen, unter fließendem kaltem Wasser gründlich waschen und anschließend gut abtropfen lassen. Die Hälfte des Ananasfruchtfleischs für den Mixer klein schneiden; den Rest in kleine Stücke schneiden und auf die Holzspieße stecken.

2 Spinat, Ananasstücke und Kokosmilch mit etwa 200 Milliliter Wasser in den Mixer geben. Auf kleiner Stufe starten und dann bei Höchststufe alles cremig pürieren. In Gläser füllen und mit den Ananasspießen garniert servieren.

Für etwa 500 ml

100 g Babyspinat
200 g süßes, reifes Ananasfruchtfleisch
100 ml ungesüßte Kokosmilch

Zum Garnieren

2 lange Holzspieße

Zubereitungszeit

10 Minuten

Tipps → Der Smoothie kann individuell noch mit etwas frisch geriebenem Ingwer oder 1 kleinen Prise Cayennepfeffer gewürzt werden, was allerdings Kinder nicht mögen. Für Kinder eventuell noch eine süße reife Banane untermixen. Noch smoothiger wird es, wenn die Bananenstücke bis zu 1 Stunde im Tiefkühlfach angefroren werden. → Zum Umrühren anstatt Ananasspießen frische Zitronengrasstiele verwenden. Sie verleihen dem Smoothie zusätzlich einen Asia-Touch. → Kokosmilch kann im Tetra-Pak bis zu 3 Tage im Kühlschrank aufbewahrt werden. Dosenabfüllungen sollten in ein anderes Behältnis umgefüllt und luftdicht verschlossen werden.

Frühlingskick

→ **Erfrischend** → **mild**
→ **aromatisch**

Für etwa 500 ml
2 saftige Pfirsiche
100 g Spinat
½ Salatgurke (etwa 250 g)

Zum Garnieren
2 lange Holzspieße

Zubereitungszeit
10 Minuten

1 Die Pfirsiche waschen, halbieren, entsteinen und klein schneiden. Den Spinat verlesen, unter fließendem kaltem Wasser waschen und anschließend abtropfen lassen. Die Salatgurke gründlich waschen und fest trockenreiben, da die Schale nicht entfernt wird. Etwa die Hälfte des Gurkenfruchtfleischs in kleine Stücke schneiden und auf die Holzspieße stecken. Den Rest für den Mixer klein schneiden.

2 Pfirsichstücke, Spinat und Gurkenstücke mit etwa 200 Milliliter Wasser in den Mixer geben. Auf kleiner Stufe starten und dann bei Höchststufe alles cremig pürieren. In Gläser füllen und mit den Gurkenspießen garniert servieren.

Tipps → Ein Smoothie ist nur so gut wie seine Zutaten: Verwenden Sie beste Qualität, wenn möglich Bio-Lebensmittel, frisch und reif. → Zum individuellen Würzen eignet sich 1 Prise frisch gemahlene Vanilleschote oder etwas frisch geschabtes Vanillemark. → Normalerweise wird zum Mixen von Smoothies Leitungswasser verwendet, doch kann ein Mineralwasser mit Kohlensäure dem Smoothie einen extra Sprudelkick verpassen. → Sie können auch die gesamte halbe Gurke in den Mixer geben und zum Garnieren frische Minze verwenden.

Wild Passion
der Saison

→ Kräuterig → exotisch
→ aromatisch

Für etwa 500 ml

**100 g Wildkräuter,
z.B. Löwenzahn,
Schafgarbe, Giersch,
Wegerich
1 kleine Papaya
Saft von 1 Orange**

Zum Garnieren
2 lange Holzspieße

Zubereitungszeit
10 Minuten

1 Die Wildkräuter verlesen, waschen, trockenschütteln und nach Bedarf quer kleiner schneiden. Die Papaya schälen, längs halbieren, entkernen und mit etwas Orangensaft beträufeln. Eine Papayahälfte in mundgerechte Stückchen schneiden und auf die Holzspieße stecken. Die andere Hälfte für den Mixer grob zerkleinern.

2 Wildkräuter, Papayafruchtfleisch, restlichen Orangensaft und etwa 200 Milliliter Wasser in den Mixer geben. Langsam starten, kräftig aufmixen und fein pürieren. In Gläser füllen und mit den Papayaspießen garniert servieren.

Tipps → Sie können den fertigen Smoothie noch mit fein gehackten frischen Korianderblättchen bestreuen. Das duftet und schmeckt nicht nur gut, Koriander hilft auch bei der Verdauung. **→** Statt der Papaya eignet sich auch eine Drachenfrucht sehr gut, die beim Mixen besondere Cremigkeit erzeugt. Diese tropische Frucht gehört zu den Kakteengewächsen, ist pinkfarben und enthält über 90 Prozent Wasser. Die äußere Schale nicht verzehren, nur das innere cremige Fruchtfleisch, das vor allem Vitamin C, Vitamin E, Kalzium und Eisen enthält.

Green Ovivo

→ Aufbauend → würzig
→ peppig

Für etwa 500 ml
100 g Rucola
2 reife, süße Bananen
1 EL Mandelmus
Saft von 1 Orange

Zum Garnieren
1 lange Möhre

Zubereitungszeit
10 Minuten

1 Rucola verlesen, waschen und trockenschütteln. Die groben Stiele abschneiden und die Blätter quer in kleinere Stücke schneiden. Die Bananen schälen und in Scheiben schneiden. Für die Garnitur die Möhre waschen, schälen und der Länge nach halbieren. Dabei etwas Grün dekorativ stehen lassen.

2 Rucola, Bananenscheiben, Mandelmus und Orangensaft mit etwa 200 Milliliter Wasser in den Mixer geben. Auf kleiner Stufe starten und dann bei Höchststufe alles cremig pürieren. In Gläser füllen und mit den Möhrenhälften garniert servieren.

Tipps → Mit dem italienischen Begriff »Ovivo«, was so viel wie »ich lebe« bedeutet, ist gemeint, dass uns dieser erfrischende Smoothie durchaus ein Lächeln auf die Lippen zaubern kann, denn die »flüssigen Vitamine« sind wunderbar belebend und schmecken auch noch köstlich. **→** Statt der Bananen, die Sie sonst immer einkaufen, können Sie es auch einmal mit Fingerbananen probieren. Diese kleinen süßen Bananen sind nicht länger als ein Finger, daher der Name. Sie schmecken noch intensiver als herkömmliche Bananen.

Romana-Rhabarber

→ Ausgleichend → peppig
→ flaschengrün

Für etwa 500 ml

4 Blätter Romanasalat
1 kleine Stange Rhabarber
ohne Blattgrün
2 kleine, süße Birnen
1 Banane
1 TL Zitronensaft, frisch
gepresst

Zum Garnieren
2 lange Holzspieße

Zubereitungszeit
10 Minuten

1 Die Romanasalatblätter waschen, trockenschütteln und quer in Streifen schneiden. Den Rhabarber waschen, putzen und in grobe Stücke schneiden; das Rhabarberblattgrün nicht verwenden, siehe Tipp. Die Birnen gründlich waschen, vierteln, entkernen und klein schneiden. Die Banane schälen, in Scheibchen schneiden und mit Zitronensaft beträufeln. Einige Bananenscheiben auf Holzspieße stecken.

2 Romanasalatstreifen, Rhabarber, Birnenstücke und Bananenscheibchen mit knapp 200 Milliliter Wasser in den Mixer geben. Langsam starten und alles auf höchster Stufe cremig pürieren. In Gläser füllen und die Bananenspieße in die Gläser tauchen.

Tipps → Die Süße der Birnen und der Banane gleicht den leicht säuerlich-frischen Geschmack des Rhabarbers aus. → Das Rhabarberblattgrün sollte nicht verwendet werden, weil es zu viel Oxalsäure enthält; Oxalsäure greift den Zahnschmelz an und raut die Zahnoberfläche auf. Normalerweise wird Rhabarber gekocht, da ein Teil der Oxalsäure dabei ins Kochwasser übergeht. Ernährungswissenschaftler sagen aber auch, dass roher Rhabarber in normalen Mengen verzehrt unbedenklich ist. Oxalsäure kommt auch in Spinat, Mangold, Roter Bete, Kakao, Sesam und vielen anderen Pflanzen vor. → Statt der Birnen können Sie auch süße Aprikosen verwenden.

Beauty Queen

→ Cremig → aromatisch → mild

Für etwa 500 ml

**50 g junge Lindenblätter
(Wildkräuter)**
1 reife Avocado
Saft von ½ Zitrone
1 Banane
1 süßlicher Apfel

Zum Garnieren
1 Stange Staudensellerie

Zubereitungszeit
10 Minuten

1 Die Lindenblätter gründlich waschen, trockenschütteln und etwas kleiner schneiden. Die Avocado schälen, halbieren, den Kern entfernen und das Fruchtfleisch klein würfeln. Mit Zitronensaft vermengen, da sich das Fruchtfleisch sonst schnell etwas unansehnlich braun verfärbt. Die Banane schälen und in Scheibchen schneiden. Den Apfel gründlich waschen – nicht schälen –, vierteln, entkernen und in kleine Stücke schneiden.

2 Lindenblätter, Avocadowürfel, Bananenscheibchen, Apfelstücke und etwa 100 Milliliter Wasser in den Standmixer geben. Langsam starten und dann auf Höchststufe alles cremig pürieren. Falls die Konsistenz etwas dünnflüssiger sein soll, noch etwas Wasser hinzufügen und nochmals pürieren. In Gläser füllen. Die Selleriestange waschen, putzen, quer halbieren und den Smoothie damit garnieren.

Tipps → Junge Lindenblätter sind zart und ähneln Kopfsalatblättern, die Sie stattdessen verwenden können. Zudem haben Lindenblätter keine Bitterstoffe. → Falls je nach individuellem Geschmack noch ein Hauch Süße fehlt, können Sie den Smoothie mit etwas Stevia verfeinern. → Die Avocado mit ihren wertvollen Ölen wirkt wie Balsam für die Haut – Küchenkosmetik von innen.

Frühlings-Quickie

→ Außergewöhnlich → kraftvoll
→ smoothig

Für etwa 500 ml

50 g geschroteter
Leinsamen
6 Blätter Romanasalat
1 Banane
1 süße Birne

Zum Garnieren
2 EL frische
Granatapfelkerne

Zubereitungszeit
10 Minuten plus 30 Minuten
Einweichzeit

1 Den Leinsamen mit 100 Milliliter kaltem Wasser begießen und etwa 30 Minuten einweichen. Die Romanasalatblätter waschen, trockenschwenken und quer in kleine Streifen schneiden. Die Banane schälen und in Scheibchen schneiden. Die Birne gründlich waschen – nicht schälen –, vierteln, entkernen und in kleine Stücke schneiden.

2 Eingeweichten Leinsamen, Romanasalatstreifen, Bananenscheibchen und Birnenstücke mit etwa 200 Milliliter Wasser in den Standmixer geben. Langsam starten, auf Höchststufe mixen und cremig pürieren. In Gläser füllen und mit Granatapfelkernen bestreut servieren.

Tipps → Leinsamen besitzt Schleimstoffe, die bei Magenbeschwerden helfen. Zudem fördern die Ballaststoffe des Leinsamens die Verdauung. → Statt des Romanasalats kann es auch ein knackig frisches Kopfsalatherz oder ein gemischter Pflücksalat sein. → Bei der Wassermenge darf es je nach individuellem Geschmack etwas mehr oder weniger sein, je nachdem, ob Sie den Smoothie dicklicher, cremiger oder dünnflüssiger mögen. → Statt der Granatapfelkerne können Sie auch einen gemischten Obstspieß zum Garnieren verwenden. Ob Äpfel, Birnen, Pfirsiche oder Weintrauben – Hauptsache, knackig-frisch!

Spinat-Booster

→ **Kräftig** → **aufpeppend**
→ **frisch**

Für etwa 500 ml

100 g junge
Spinatblättchen
1 saftiger Pfirsich
2 Kiwis
1–2 Tropfen Olivenöl

Zum Garnieren
2 lange Holzspieße

Zubereitungszeit
10 Minuten

1 Die Spinatblättchen gründlich waschen, abtropfen lassen und etwas kleiner schneiden. Den Pfirsich waschen, halbieren, den Stein entfernen und das Fruchtfleisch in kleine Stücke schneiden. Die Kiwis schälen, vierteln und die Hälfte davon ebenfalls in kleine Stücke schneiden. Die restlichen Kiwiviertel quer in Scheibchen schneiden und auf die Holzspieße stecken.

2 Spinat, Pfirsich- und Kiwistücke sowie Olivenöl mit 200 Milliliter Wasser in den Standmixer geben. Langsam starten und dann bei Höchststufe alles cremig pürieren. In Gläser füllen und mit den Kiwispießen garniert servieren.

Tipps → Es heißt immer, dass ohne Pflanzenöl die fettlöslichen Vitamine A, D, E und K vom Körper nicht aufgenommen werden können. Vielfach ist an Saftbars, die frische Früchte mixen, deshalb ein Kännchen Olivenöl zu sehen. Hierbei kann jeder für sich entscheiden, ob er ein paar Tropfen in seinen pürierten frischen Saft geben will. Bei grünen Smoothies verhält sich dies ein wenig anders, denn hierfür werden Pflanzengrün und Pflanzenbestandteile verwendet, in denen genügend Fett enthalten ist, das für die Aufnahme der fettlöslichen Vitamine sorgt. → Im Prinzip bräuchte dieser Smoothie kein Olivenöl; es erzeugt jedoch eine homogene Verbindung, die der Gaumen auch schmeckt.

Green Physalis

→ Cremig → exotisch → mild

Für etwa 500 ml
50 g Pflücksalate
100 g Physalis
1 Banane
1 EL Birkensüß (siehe S. 25)

Zum Garnieren
1 kleine, saftige Mango
2 lange Holzspieße

Zubereitungszeit
10 Minuten

1 Die losen Salatblätter gründlich waschen, abtropfen lassen und klein schneiden. Die Physalis von den Papierhäuten trennen, waschen und halbieren. Die Banane schälen und klein schneiden. Für die Garnitur die Mango schälen, das Fruchtfleisch vom Kern und in mundgerechte Stücke schneiden und auf die Holzspieße stecken.

2 Salat, Physalis, Bananenstücke und Birkensüß mit etwa 200 Milliliter kaltem Wasser in den Mixer geben. Langsam starten und dann alles auf Höchststufe cremig pürieren. In Gläser füllen und mit den Mangospießen garniert servieren.

Tipps → Nach Belieben statt der Mango Physalis auf die Spieße stecken und diese in die Gläser stellen. → Pflücksalate wie in diesem Smoothie werden oft als Mischung aus Batavia rossa, Batavia bionda, Rote-Bete-Blättern, Babyspinat und Mangold angeboten. → Für Einsteiger sind zu Beginn Smoothies zu empfehlen, die mehr Frucht als Pflanzengrün enthalten.

Grüne Himbeere

→ Fruchtig → peppig
→ aromatisch

1 Den Staudensellerie waschen, putzen und klein schneiden. Das Kopfsalatherz quer in Streifen schneiden, die Streifen waschen und abtropfen lassen. Die Himbeeren waschen, trockentupfen und etwa 50 Gramm davon auf Cocktailspießchen stecken.

2 Staudensellerie, Salatstreifen, Himbeeren und Agavendicksaft mit etwa 200 Milliliter Wasser in den Standmixer geben. Langsam starten, dann auf Höchststufe durchmixen und je nach gewünschter Konsistenz pürieren. In Gläser füllen und mit den Himbeerspießchen garniert servieren.

Für etwa 500 ml
1 Stange Staudensellerie
1 kleines Kopfsalatherz
150 g Himbeeren
1 TL Agavendicksaft
(siehe S. 25)

Zum Garnieren
2 Cocktailspießchen

Zubereitungszeit
10 Minuten

Tipp → Grüne-Smoothie-Einsteiger sind zu Beginn noch sehr zaghaft und mixen ihr Getränk genau nach Rezept. Doch meist dauert es nur wenige Mixer-Umdrehungen, bis sie sich trauen, ihre individuellen geschmacklichen und optischen Vorstellungen auszuprobieren. Lieber dickflüssiger und cremiger oder dünnflüssiger, lieber mit etwas mehr oder weniger Wasser – jeder hat da seine eigenen Vorlieben. Und auch was die Reste betrifft: Wenn noch irgendeine einsame Birne oder ein paar Himbeeren in der Küche herumliegen, einfach rein in den Mixer damit und den Geschmackstest machen. Die Rezepte in diesem Buch dienen grundsätzlich der Inspiration; sie können gern abgewandelt werden, sind aber in sich stimmig und schmecken hervorragend.

Wake-up
mit Grassaft

→ Grasig → fruchtig → würzig

Für etwa 500 ml
2 kleine Möhren mit Grün
4 kleine Äpfel, z.B. Elstar
½ kleines Bund Petersilie
100 ml Weizengrassaft
(siehe Tipp)

Zubereitungszeit
15 Minuten

1 Die Möhren gründlich waschen. Das Möhrengrün fein zupfen, einen Teil davon für den Smoothie und einen Teil für die Garnitur beiseitestellen. Die Möhren in kleinere Stücke schneiden. Die Äpfel ebenfalls gründlich waschen, vierteln, entkernen und klein schneiden. Die Petersilie waschen, trockenschwenken, die Blättchen abzupfen und grob hacken.

2 Möhrenstücke, etwas Möhrengrün, Apfelstücke, Petersilie und Weizengrassaft mit etwa 100 Milliliter Wasser in den Mixer geben. Langsam starten und dann auf Höchststufe alles fein pürieren. In Gläser füllen und mit dem beiseitegelegten Möhrengrün garnieren.

Tipps → Es gibt Säfte von Dinkelgras, Weizengras und Gerstengras. In Berlin gibt es sogar eine eigene Weizengras-Saftbar, die frisches Weizengras versaftet. Dass frisch gepresster Grassaft so beliebt ist, liegt daran, dass dieser über eine außerordentlich hohe Konzentration von Nährstoffen verfügt. Der Ernährungswissenschaftler Bircher-Benner lobte das enthaltene Chlorophyll als »konzentrierten Sonnenschein«. → Sie bekommen frisch gepressten Grassaft in Online-Shops. Es gibt aber auch Weizengras-pulver, das nach Packungsangabe mit Wasser angerührt wird.

Matcha Green

→ Aufweckend → vitalisierend
→ bekömmlich

1 Die Bananen schälen, in Scheibchen schneiden, mit Folie abdecken und für 30 Minuten in den Gefrierschrank stellen. In der Zwischenzeit die Pak-Choi-Blätter waschen, trockenschütteln und quer in dünne Streifen schneiden.

2 Angefrorene Bananenscheibchen, Pak Choi, Matcha-Pulver und Honig mit etwa 200 Milliliter Wasser in den Mixer geben. Langsam starten und dann bei Höchststufe alles cremig pürieren. In Gläser füllen. Die Datteln entkernen, auf die Holzspieße stecken und den Smoothie damit garnieren.

Für etwa 500 ml
2 kleine, süße Bananen
100 g Pak-Choi-Blätter
1 TL Matcha-Pulver
(siehe Tipp)
1 TL Honig

Zum Garnieren
4 Datteln
2 lange Holzspieße

Zubereitungszeit
10 Minuten plus
30 Minuten Anfrierzeit

Tipps → Der »Superdrink« aus Japan heißt Matcha. Im Prinzip handelt es sich dabei um getrockneten, gemahlenen grünen Tee – »gemahlener Tee« heißt auf Japanisch Matcha. Dem grasgrünen Pulver, das sehr teuer ist, werden extrem vitalisierende Eigenschaften nachgesagt. Fakt ist, dass für die Herstellung des Pulvers feinste Teeblätter verwendet werden; diese werden kurz vor der Ernte abgedeckt, damit die Blättchen im Schatten mehr Chlorophyll produzieren. Beim Vermahlen in Granitsteinmühlen kommen nur die feinsten Blättchen ohne Strunk und Blattrippen zum Einsatz. → Der milde Geschmack von Pak Choi, aber auch die Fülle an Vitamin C und B-Vitaminen sowie Kalzium und Eisen machen dieses Blattgemüse so beliebt. Pak Choi lässt sich wunderbar mit Minze kombinieren – ein herrliches Smoothie-Erlebnis!

Den
SOMMER
einfangen

Der Sommer ist da – und damit auch ein prall gefüllter Korb mit knackig-frischem Blattgemüse, Pflanzengrün und vielen Früchten, die von der Sonne verwöhnt wurden. Leichtigkeit ist auch in Bezug auf Smoothies angesagt, und die grüne Pflanzenkost wird mit all den süßen Früchtchen noch aromatischer.

Zudem soll es bei hohen Temperaturen auch kühlend sein: Dazu nach Belieben in den frisch gemixten Smoothie einige Eiswürfel geben. Noch köstlicher wird's mit aromatisierten Eiswürfeln, bei denen Wasser mit frischen Kräuterblättchen oder Zitronensaft eingefroren wird. Bei den empfohlenen Zutaten sind auch exotische Früchte mit aufgeführt, die das ganze Jahr über zu bekommen sind.

→ Aprikosen, Avocados, Bananen, Basilikum, Blaubeeren, Brunnenkresse, Eichblattsalat, Erdbeeren, Feigen, Gojibeeren, Himbeeren, Honigmelone, Kirschen, Kopfsalat, Limetten, Mangold, Mangos, Orangen, Papayas, Petersilie, Pfirsiche, Physalis, Radieschenblätter, Romanasalat, Rucola, Salatgurken, Sellerie, Spinat, Tomaten, Wassermelone, Weinbergpfirsiche, Weintrauben, Zitronen, Zucchini

Avocado-Beauty

→ Erfrischend → köstlich
→ fruchtig

1 Die Salatblätter verlesen, waschen und quer in kleinere Stücke schneiden. Die Avocado längs halbieren, den Kern herauslösen und das Fruchtfleisch mit einem Löffel herausschaben. Sofort mit Zitronensaft beträufeln. Die Aprikosen waschen, halbieren, entsteinen und klein schneiden.

2 Salat, Avocado und Aprikosenstücke mit den Eiswürfeln sowie etwa 100 Milliliter kaltem Wasser in den Mixer geben. Langsam auf kleiner Stufe starten und dann kräftig bei Höchststufe cremig pürieren. Den Smoothie in Gläser füllen und genießen.

Für etwa 500 ml
50 g Eichblattsalat
1 kleine, reife Avocado,
z.B. Sorte Hass
Saft von ½ Zitrone
150 g süß-saftige Aprikosen
(3–4 Stück)
3–4 Eiswürfel

Zubereitungszeit
10 Minuten

Tipp → Im Sommer können Sie den Eiswürfelbehälter mit Kräuterblättchen auslegen, dann das Wasser einfüllen und einfrieren. Zum Garnieren sind damit immer Kräutereiswürfel vorrätig, mit denen Sie den Smoothie noch zusätzlich aromatisieren.

Tut-gut-Smoothie

→ **Kraftvoll** → **fruchtig**
→ **würzig**

1 Rucola und Spinatblätter verlesen, gründlich waschen und abtropfen lassen. Spinat quer in dünne Streifen schneiden. Den Pfirsich waschen, halbieren, entsteinen und klein schneiden. Die Bananen schälen, in Scheibchen schneiden und mit dem Orangensaft vermengen. Für die Garnitur die Hälfte der Bananenscheibchen auf die Holzspieße stecken.

2 Rucola, Spinatstreifen, Pfirsichstücke und restliche Bananenscheibchen mit 150 bis 200 Milliliter Wasser – je nach Bedarf – in den Mixer geben. Langsam starten und dann bei Höchststufe alles cremig pürieren. In Gläser füllen und mit den Bananenspießen garniert servieren.

Für etwa 500 ml
1 kleines Bund Rucola (etwa 50 g)
100 g Spinatblätter
1 saftiger Pfirsich
2 Bananen
50 ml Orangensaft, frisch gepresst

Zum Garnieren
2 lange Holzspieße

Zubereitungszeit
10 Minuten

Tipps → Rucola ist würzig, Spinat mild, die Banane cremig und verbindend, der Pfirsich erfrischend süß-fruchtig und der Orangensaft leicht süß-säuerlich im Geschmack – kurzum: Dieser Smoothie tut einfach gut. → Statt der Bananen können Sie auch Saisonfrüchte wie beispielsweise entkernte Kirschen oder Erdbeeren auf die Spieße stecken.

Sidekick

→ Fruchtig → cremig → mild

1 Die Erdbeeren putzen, waschen und mit Küchenpapier trockentupfen. Für die Garnitur etwa 100 Gramm Erdbeeren auf die Holzspieße stecken. Die restlichen Erdbeeren etwas kleiner schneiden. Den Romanasalat waschen, trockenschütteln und quer in dünne Streifen schneiden. Die Petersilie waschen und trockenschütteln, die Blättchen abzupfen und grob hacken.

2 Erdbeerstücke, Romanasalatstreifen und Petersilie mit 200 Milliliter Wasser in den Standmixer geben. Langsam starten und dann auf Höchststufe cremig pürieren. In Gläser füllen und mit den Erdbeerspießen garnieren.

Für etwa 500 ml
300 g kleine, süße Erdbeeren
2 Blätter Romanasalat
1 kleines Bund glatte Petersilie

Zum Garnieren
2 lange Holzspieße

Zubereitungszeit
10 Minuten

Tipps → Die Qualität der Erdbeeren – d. h. die Süße der Früchte – ist für diesen Smoothie außerordentlich wichtig. → Wer den Smoothie noch cremig-milder möchte, kann 1 Fingerbanane oder 1 kleine süße Birne mitmixen. Die Wassermenge dazu ein bisschen reduzieren.

Vitamin-Shot

→ Cremig → fruchtig
→ aromatisch

Für etwa 500 ml
4 frische Feigen
2 saftige Pfirsiche
100 g Mangold
(etwa 4 frische Blätter)
1 TL Apfeldicksaft
(siehe S. 25)

Zum Garnieren
2 Cocktailspieße

Zubereitungszeit
10 Minuten

1 Die Feigen waschen und vierteln. Das Fruchtfleisch von den Schalen schneiden. Einige mundgerechte Stücke davon zum Garnieren auf die Cocktailspieße stecken. Die Pfirsiche waschen, halbieren, die Steine entfernen und das Fruchtfleisch klein schneiden. Die Mangoldblätter waschen, trockenschütteln und quer in Streifen schneiden.

2 Feigen, Pfirsichstücke, Mangoldstreifen und Apfeldicksaft mit 200 Milliliter Wasser in den Standmixer geben. Langsam starten und dann bei Höchststufe cremig pürieren. In Gläser füllen und mit den Feigenspießchen garniert servieren.

Tipps → Feigen sind köstliche Vitaminbomben, die zu etwa 80 Prozent aus Wasser bestehen und vor allem mit Inhaltsstoffen wie Kalzium, Phosphor, Eisen und Vitamin B1 glänzen. Das Fruchtfleisch schmeckt leicht süßlich und macht den grünen Smoothie besonders cremig. → Statt großer süßer Pfirsiche können Sie auch die kleineren Weinbergpfirsiche verwenden. Ihr Aroma ist zwar etwas herb-fruchtiger, aber insgesamt schmecken sie intensiver nach Pfirsich.

Energydrink

→ Fruchtig → kraftvoll
→ energiespendend

Für etwa 500 ml
100 g Rucola
1 reife Banane
Saft von ½ Zitrone
4 süße Aprikosen

Zum Garnieren
100 g helle Weintrauben
2 lange Holzspieße

Zubereitungszeit
10 Minuten

1 Den Rucola verlesen, waschen, trockenschütteln und quer klein schneiden. Die Banane schälen, in Scheibchen schneiden und mit dem Zitronensaft beträufeln. Die Aprikosen waschen, halbieren, entsteinen und in kleine Stücke schneiden. Für die Garnitur die Weintrauben waschen und auf die Holzspieße stecken.

2 Rucola, Banane und Aprikosenstücke mit 200 Milliliter Wasser in den Standmixer geben. Langsam starten, dann auf Höchststufe alles cremig pürieren. In Gläser füllen und mit den Weintraubenspießen garniert servieren.

Tipps → Geben Sie an heißen Sommertagen doch einfach einmal gefrorene Weintrauben als »Eiswürfel« in den Smoothie. Dafür die Trauben waschen, trockentupfen, einzeln auf einen Teller legen und im Tiefkühlfach für mindestens 1 Stunde anfrieren. Für den spontanen Genuss können Sie natürlich auch stets gefrorene Weintrauben vorrätig haben. → »Lebendige Zutaten« machen ein Getränk zum Energiegetränk. Der aus Pflanzengrün und Früchten frisch hergestellte und mit Vitaminen vollgepackte Smoothie verleiht uns besonders an heißen Tagen den nötigen Energieschub.

Blueberry Love

→ Kräftig → cool → fruchtig

Für etwa 500 ml
100 g Babyspinat
150 g Blaubeeren
1 reife Banane
Saft von ½ Orange

Zum Garnieren
½ Orange
2 lange Holzspieße
4 Eiswürfel

Zubereitungszeit
10 Minuten

1 Den Babyspinat verlesen, waschen und klein schneiden. Die Blaubeeren waschen. Die Banane schälen, klein schneiden und mit dem Orangensaft vermischen. Für die Garnitur die Orange schälen, das Fruchtfleisch in kleine Stücke schneiden und auf die Holzspieße stecken.

2 Spinat, Blaubeeren und Bananenstücke mit etwa 100 Milliliter kaltem Wasser in den Mixer geben. Auf kleiner Stufe starten und anschließend alles auf Höchststufe cremig pürieren. Die Eiswürfel in Gläser geben, mit dem Smoothie auffüllen und mit den Orangenspießen garnieren.

Tipp → Blaubeeren stehen auf der Liste der wertvollen Antioxidanzien ganz oben. Wann immer sich die Möglichkeit bietet, frische Blaubeeren zu bekommen, sollten Sie unbedingt zugreifen.

Sommer-Passion

→ Fruchtig → würzig
→ energiespendend

Für etwa 500 ml
80 g Rucola
einige Basilikumblättchen
150 g süße, aromatische
Erdbeeren
50 g Himbeeren

Zum Garnieren
einige Erdbeeren
2 Cocktailspießchen

Zubereitungszeit
15 Minuten

1 Den Rucola verlesen, waschen und trockenschütteln. Von den dicken Stielen befreien und quer in kleine Stücke schneiden. Die Basilikumblättchen waschen und etwas kleiner zupfen. Die Erdbeeren waschen, die Stielansätze entfernen und das Fruchtfleisch ebenfalls in kleine Stücke schneiden. Die Himbeeren vorsichtig waschen und auf Küchenpapier trocknen lassen.

2 Rucola, Basilikum, Erdbeeren und Himbeeren mit 150 bis 200 Milliliter kaltem Wasser in den Mixer geben. Auf kleiner Stufe starten und anschließend alles auf Höchststufe cremig pürieren. Zum Garnieren die Erdbeeren waschen, trockentupfen, halbieren und auf die Cocktailspießchen stecken. Den Smoothie in Gläser füllen und mit den Erdbeerspießchen garniert servieren.

Tipps → Bei Erdbeeren aus dem eigenen Garten oder bei Bio-Erdbeeren kann der Stiel, der Blütenkelch, bedenkenlos mitgegessen bzw. mitpüriert werden. Er soll sogar bei Durchfall helfen. → Falls Kühle bei großer Hitze gefragt ist, einfach zusätzlich 1 bis 3 Eiswürfel mit in den Mixer geben.

High Noon

Für etwa 500 ml
¼ Honigmelone
Saft von ½ Zitrone
1 Banane
½ Kopfsalatherz
Blätter von 2 bis
3 Radieschen

Zum Garnieren
100 g Blaubeeren
2 lange Holzspieße

Zubereitungszeit
10 Minuten

1 Die Honigmelone schälen, entkernen und das Fruchtfleisch klein schneiden. Mit Zitronensaft beträufeln. Die Banane schälen und in Scheiben schneiden. Das Kopfsalatherz sowie die Radieschenblätter quer in Streifen schneiden, gründlich waschen und abtropfen lassen. Für die Garnitur die Blaubeeren waschen und mit Küchenpapier trockentupfen. Anschließend auf die Holzspieße stecken.

2 Melone, Bananenscheiben sowie Kopfsalat- und Radieschenblätterstreifen mit gut 100 Milliliter Wasser in den Mixer geben. Langsam starten, dann auf Höchststufe durchmixen und fein pürieren. In Gläser füllen und mit den Blaubeerspießen garniert servieren.

Tipps → Oftmals macht uns das Mittagessen müde, doch dieser »12-Uhr-mittags-Drink« weckt neue Kräfte für die verbleibende Tageshälfte. → Die leicht würzige Schärfe der Radieschenblätter wird durch die sanfte Süße der Banane ausgeglichen. Zudem enthalten die rauen, runden Blättchen bioaktive Pflanzenschutzstoffe sowie Chlorophyll, das für die Blutbildung wichtig ist.

Grüner-Tee-Smoothie

→ Grün → saftig → erfrischend

Für etwa 500 ml
1 kleines Kopfsalatherz
2 saftige Weinbergpfirsiche
1 TL Agavendicksaft
(siehe S. 25)
200 ml kalter grüner Tee

Zum Garnieren
4 Eiswürfel

Zubereitungszeit
10 Minuten

1 Das Kopfsalatherz entblättern, waschen und quer in dünne Streifen schneiden. Die Weinbergpfirsiche waschen, halbieren, die Kerne entfernen und das Fruchtfleisch klein schneiden.

2 Kopfsalatstreifen, Pfirsichstücke, Agavendicksaft und Tee in den Mixer geben. Langsam starten und dann auf Höchststufe zu einem cremigen Smoothie pürieren. Die Eiswürfel in Gläser geben und mit dem Smoothie auffüllen.

Tipps → Nach Belieben 1 Weinbergpfirsich in kleine Stücke schneiden, diese auf Spieße stecken, mit etwas Honig oder Ahornsirup beträufeln und in die Smoothie-Gläser eintauchen. → Grüner Tee gilt als gesund, da die Teeblätter nicht fermentiert werden – und fast alle im frischen Teeblatt enthaltenen Wirkstoffe wie beispielsweise Kalzium und Fluor erhalten bleiben. Dazu ist es aber wichtig, dass der grüne Tee nicht mit kochendem Wasser, sondern mit abgekochtem, dann aber auf etwa 70 °C abge-kühltem Wasser aufgegossen wird. → Der Agavendicksaft verleiht dem Smoothie eine leichte Süße. Alternativ kann der Smoothie auch mit 1 kleinen, reifen Banane gemixt und so versüßt werden.

Den Sommer einfangen

Melon Cool Downer

→ Aufbauend → fruchtig
→ schmeckt nach mehr

1 Das Wassermelonenfruchtfleisch in kleine Stücke schneiden. Die Hälfte des Fruchtfleischs auf die Holzspieße stecken. Die Salatblätter waschen, trockenschütteln und quer in Streifen schneiden. Die Petersilie waschen, trockenschütteln, die Blätter abzupfen und grob hacken.

2 Das restliche Melonenfruchtfleisch, die Romanasalatstreifen, die Petersilie und den Limettensaft mit den Eiswürfeln in den Mixer geben. Langsam starten und dann bei Höchststufe alles cremig pürieren. In Gläser füllen und mit den Wassermelonenspießen garnieren.

Für etwa 500 ml

400 g Wassermelonenfruchtfleisch
5 Blätter Romanasalat
5 – 7 Stängel Petersilie
Saft von ½ Limette
5 – 6 Eiswürfel

Zum Garnieren
2 lange Holzspieße

Zubereitungszeit
10 Minuten

Tipps → Im Sommer ist gekühlte Wassermelone Erfrischung pur! Sie enthält etwa 95 Prozent Wasser, in ihrem Fruchtfleisch steckt viel Vitamin A und Vitamin C. Die Kalorien sind mit 24 Kilokalorien pro 100 Gramm vernachlässigbar. Man sollte aber nicht zu große Mengen vertilgen, da die Wassermelone leicht abführend wirkt.
→ Sie können den Smoothie noch mit einigen Wassermelonenkernen garnieren, sie enthalten Mineralstoffe, Vitamine, Eiweiß und Fett. → Statt Petersilie etwas frischen Ingwer mitmixen, dieser hilft bei hohen Temperaturen, die Hitze besser zu vertragen. Zudem wirkt Ingwer desinfizierend und reinigend.

Den Sommer einfangen

Summer Relax

→ Cocktailfeeling
→ kalt → lecker

1 Für die Garnitur die Zitrone schälen, eventuell entkernen, in kleine Stücke schneiden, auf die Holzspieße stecken und für 30 Minuten ins Gefrierfach legen. Den Rucola verlesen, waschen und quer in kleinere Stücke schneiden. Himbeeren und Erdbeeren waschen, die Erdbeeren von den Stielansätzen befreien und klein schneiden. Die Banane schälen und etwas zu Mus zerdrücken.

2 Rucola, Himbeeren, Erdbeeren und Banane mit 150 bis 200 Milliliter kaltem Wasser in den Mixer geben. Zuerst auf kleinster Stufe starten und langsam hochdrehen. Bei Höchststufe cremig pürieren. In Gläser füllen und mit den angefrorenen Zitronenspießen garnieren.

Für etwa 500 ml
50 g Rucola
(1 kleine Handvoll)
100 g Himbeeren
100 g Erdbeeren
1 kleine, reife Banane

Zum Garnieren
½ Zitrone
2 lange Holzspieße

Zubereitungszeit
10 Minuten plus
30 Minuten Anfrierzeit

Tipp → Alternativ Himbeeren oder Erdbeeren oder beides gemischt auf Spieße stecken und in die Smoothie-Gläser eintauchen.

Spicy Summer

→ Würzig → erfrischend → cool

1 Den Babyspinat verlesen, waschen und etwas kleiner schneiden. Die Petersilie waschen und trockenschütteln; die Blättchen abzupfen. Die Tomaten waschen und klein schneiden. Den Sellerie waschen, putzen und vierteln; zwei Viertel zum Garnieren beiseitelegen, den Rest klein würfeln. Die Avocado schälen, halbieren, den Kern entfernen und das Fruchtfleisch klein schneiden.

2 Avocado, Limettensaft, Spinat, Petersilie, Tomaten, Selleriewürfel und Eiswürfel mit 100 Milliliter Wasser in den Mixer geben. Mit je 1 Prise Cayennepfeffer und schwarzem Pfeffer würzen. Langsam starten und dann bei Höchststufe alles cremig pürieren. In Gläser füllen und mit dem beiseitegelegten Sellerie garnieren.

Für etwa 500 ml
50 g Babyspinat
5 Stängel Petersilie
150 g Cherrytomaten
1 Stange Staudensellerie
1 Avocado
Saft von ½ Limette
4 Eiswürfel
Cayennepfeffer
schwarzer Pfeffer, grob
geschrotet

Zubereitungszeit
15 Minuten

Tipp → Bei hohen Temperaturen im Sommer ist dieser Smoothie wie eine innere Regendusche, die alle Zellen wieder belebt. Die Kombination aus schweißtreibendem Pfeffer, erfrischendem Gemüse und kühlen Eiswürfeln verleiht neuen Elan.

Goji-Power

→ Energiereich → smoothig
→ fruchtig

Für etwa 500 ml
½ Salatgurke (etwa 250 g)
50 g Brunnenkresse
100 g frische Gojibeeren
(siehe Tipp)
1 saftiger Pfirsich
4–5 Eiswürfel

Zubereitungszeit
15 Minuten

1 Die Salatgurke gründlich waschen und längs vierteln. Zwei Viertel für die Garnitur verwenden, die beiden anderen klein schneiden. Die Brunnenkresse waschen, trockenschütteln und ebenfalls klein schneiden. Die Gojibeeren waschen und abtropfen lassen – einige davon für die Garnitur beiseitelegen. Den Pfirsich waschen, halbieren, den Stein entfernen und das Fruchtfleisch in kleine Stücke schneiden.

2 Gurke, Brunnenkresse, Gojibeeren und Pfirsich mit den Eiswürfeln in den Mixer geben. Langsam starten und dann auf Höchststufe alles cremig pürieren. Falls nötig, noch etwas Wasser dazugießen. In Gläser füllen und mit den beiseitegelegten Gojibeeren bestreuen. Die Gurkenviertel zum Umrühren in die Gläser geben.

Tipps → Normalerweise bekommt man Gojibeeren nur getrocknet. Seit einiger Zeit findet man sie in gut sortierten Supermärkten jedoch immer mehr auch als Frischware, aus Andalusien importiert. → Die Gojibeere gehört aufgrund des hohen Gehalts an Vitalstoffen und Vitaminen zu den »Superfood-Stars« – und wird als gesundheitlicher Beitrag für ein starkes Immunsystem empfohlen. → Sollten Sie getrocknete Gojibeeren verwenden, weichen Sie diese für mindestens 30 Minuten, besser 1 Stunde, in kaltem Wasser ein, damit sie sich geschmacklich so richtig entfalten können. → Sie können die Brunnenkresse auch durch Gartenkresse ersetzen.

Den
HERBST
mixen

Der Herbst ist da, und auch im dritten Jahresviertel
gibt es genügend saisonale Zutaten, die im Smoothie extrem lecker schmecken. So hält jede Saison
einen prall gefüllten »Vitalkorb« bereit, üppig be-
stückt mit den frischesten Ernteerzeugnissen. Dazu
noch exotische Früchte aus aller Welt, die ganzjährig
zu bekommen sind, fein dazugemixt – das wird ein
herbstliches Smoothie-Vergnügen!

→ Ananas, Äpfel, Avocados, Bananen, Bataviasalat, Birnen, Brennnesseln, Brombeeren,
Brunnenkresse, Chicorée, Chinakohl, Datteln, Eichblattsalat, Eisbergsalat, Feigen, Feldsalat,
Friséesalat, Granatäpfel, Grapefruits, Grünkohl, Ingwer, Kakifrüchte, Kiwis, Kopfsalat, Koriander,
Limetten, Lollo-rosso-Salat, Mandarinen, Mangold, Mangos, Maracujas, Melone, Minze,
Möhren, Orangen, Papayas, Petersilie, Pflücksalate, Physalis, Pomelos, Radicchio, Romanasalat,
Salatgurken, Spinat, Staudensellerie, Sternfrüchte, Tomaten, Weinbergpfirsiche, Weintrauben,
Zwetschgen

Romana-Princess

→ Exotisch → cremig → peppig

Für etwa 500 ml
100 g Romanasalatblätter
1 kleine, saftige Papaya
1 kleine Mango

Zum Garnieren
8 Physalis
2 lange Holzspieße

Zubereitungszeit
15 Minuten

1 Die Salatblätter waschen, trockenschütteln und quer in kleinere Stücke schneiden. Die Papaya schälen und klein schneiden. Die Mango schälen, das Fruchtfleisch vom Kern schneiden und zerkleinern. Für die Garnitur die Physalis aus den Papierhäuten lösen, waschen und auf die Spieße stecken.

2 Romanasalat sowie Papaya- und Mangostücke mit 100 Milliliter Wasser in den Mixer geben. Langsam starten und dann bei Höchststufe cremig pürieren. In Gläser füllen und mit den Physalisspießen garniert servieren.

Tipp → Die Kerne der Papaya können gegessen und auch im Mixer mitgemixt werden. Je nach Geschmack oder gewünschter Sämigkeit kann bei jedem Smoothie noch Wasser hinzugefügt werden.

Herbstvergnügen

→ Fruchtig → mild
→ energiereich

Für etwa 500 ml
80 g Pflücksalate
1 saftig-süße Mandarine
2 frische Feigen

Zum Garnieren
1 Mandarine
2 lange Holzspieße

Zubereitungszeit
10 Minuten

1 Die Salatblätter waschen, trockenschütteln und klein schneiden. Die Mandarine so schälen, dass auch die weiße Haut entfernt wird. Das Fruchtfleisch klein schneiden. Die Feigen vierteln und das Fruchtfleisch von den Schalen schneiden. Für die Garnitur die Mandarine schälen, in Spalten teilen und auf die Holzspieße stecken.

2 Salat, Mandarinenstücke und Feigen mit 200 Milliliter Wasser in den Mixer geben. Langsam starten und dann bei Höchststufe cremig pürieren. In Gläser füllen und mit den Mandarinenspießen garniert servieren.

Tipp → Frische Feigen schmecken erfrischend mild und süßlich. Sie enthalten nervenstärkende Mineralstoffe und machen einen Smoothie besonders cremig. Wann immer Sie die Möglichkeit haben, frische Feigen einzukaufen, sollten Sie zugreifen. Eine Alternative sind getrocknete Feigen, die allerdings vor dem Pürieren eingeweicht werden müssen.

Mirabella

→ Fruchtig → ausgleichend
→ einfach

Für etwa 500 ml
200 g saftige Mirabellen
2 Fingerbananen oder
kleine Bananen
1 Orange
50 g Feldsalat

Zum Garnieren
2 Stängel Petersilie

Zubereitungszeit
15 Minuten

1 Die Mirabellen waschen, entsteinen und in kleine Stücke schneiden. Die Bananen schälen und in Scheibchen schneiden. Die Orange so schälen, dass auch die weiße Haut entfernt wird. In Spalten teilen und diese in kleinere Stücke schneiden. Den Feldsalat verlesen, waschen, trockenschütteln und klein zupfen.

2 Mirabellen, Bananenscheibchen, Orangenstücke und Feldsalat mit etwa 200 Milliliter Wasser in den Mixer füllen. Langsam starten und dann bei Höchststufe alles cremig pürieren. In Gläser füllen. Die Petersilie waschen und trockenschütteln und als Garnitur in die Gläser geben.

Tipp → Mirabellen haben zwar einen leicht säuerlichen Geschmack, aber auch eine intensive Fruchtsüße. Statt der Mirabellen können Sie auch Aprikosen, Pfirsiche oder Nektarinen verwenden.

Herbsternte

→ Angenehm → kraftvoll
→ lecker

Für etwa 500 ml
80 g Lollo-rosso-Salat
200 g Zwetschgen
1 süßliche Birne

Zum Garnieren
2 lange Holzspieße

Zubereitungszeit
15 Minuten

1 Den Salat verlesen, waschen, trockenschütteln und kleiner zupfen. Die Zwetschgen waschen, halbieren und entsteinen. Einige Zwetschgenhälften für die Garnitur auf die Spieße stecken. Die Birne waschen, vierteln, entkernen und in kleinere Stücke schneiden.

2 Salat, Zwetschgen und Birnenstücke mit etwa 200 Milliliter Wasser in den Mixer geben. Langsam starten und dann bei Höchststufe alles cremig pürieren. In Gläser füllen und mit den Zwetschgenspießen garniert servieren.

Tipps → Für den besonderen Kick 1 Prise gemahlenen Zimt und etwas frisch geriebenen Ingwer mit in den Mixer geben. → Wenn Sie einen guten Mixer haben (siehe Seite 15), können Sie die Birnenkerne auch mit pürieren.

Tiger-Drink

→ **Energiespendend**
→ **komplex** → **anregend**

Für etwa 500 ml

50 g Radicchioblätter
etwa 1 cm frische
Ingwerwurzel
1 Orange oder Blutorange
120 g süße helle
Weintrauben

Zum Garnieren
2 lange Holzspieße

Zubereitungszeit
15 Minuten

1 Die Radicchioblätter waschen, trockenschütteln und klein schneiden. Den Ingwer schälen und ebenfalls klein schneiden. Die Orange so schälen, dass auch die weiße Haut entfernt wird, das Fruchtfleisch in kleine Stücke schneiden. Die Weintrauben entstielen und waschen. Für die Garnitur einige Weintrauben auf die Spieße stecken.

2 Radicchio, Ingwer, Orangenstücke und Trauben mit etwa 200 Milliliter Wasser in den Mixer geben. Langsam starten und dann bei Höchststufe alles cremig pürieren. In Gläser füllen und mit den Traubenspießen garnieren.

Tipp → Frischer Ingwer schmeckt zwar völlig anders als Knoblauch, wird aber zunehmend für einen würzigen Geschmack verwendet, da er nicht über den knoblauchtypischen lästigen Geruch verfügt. Der Verzehr von frischem Ingwer ist vor allem gesund: Er regt Herz und Kreislauf an und senkt sowohl den Blutdruck als auch den Cholesterinspiegel.

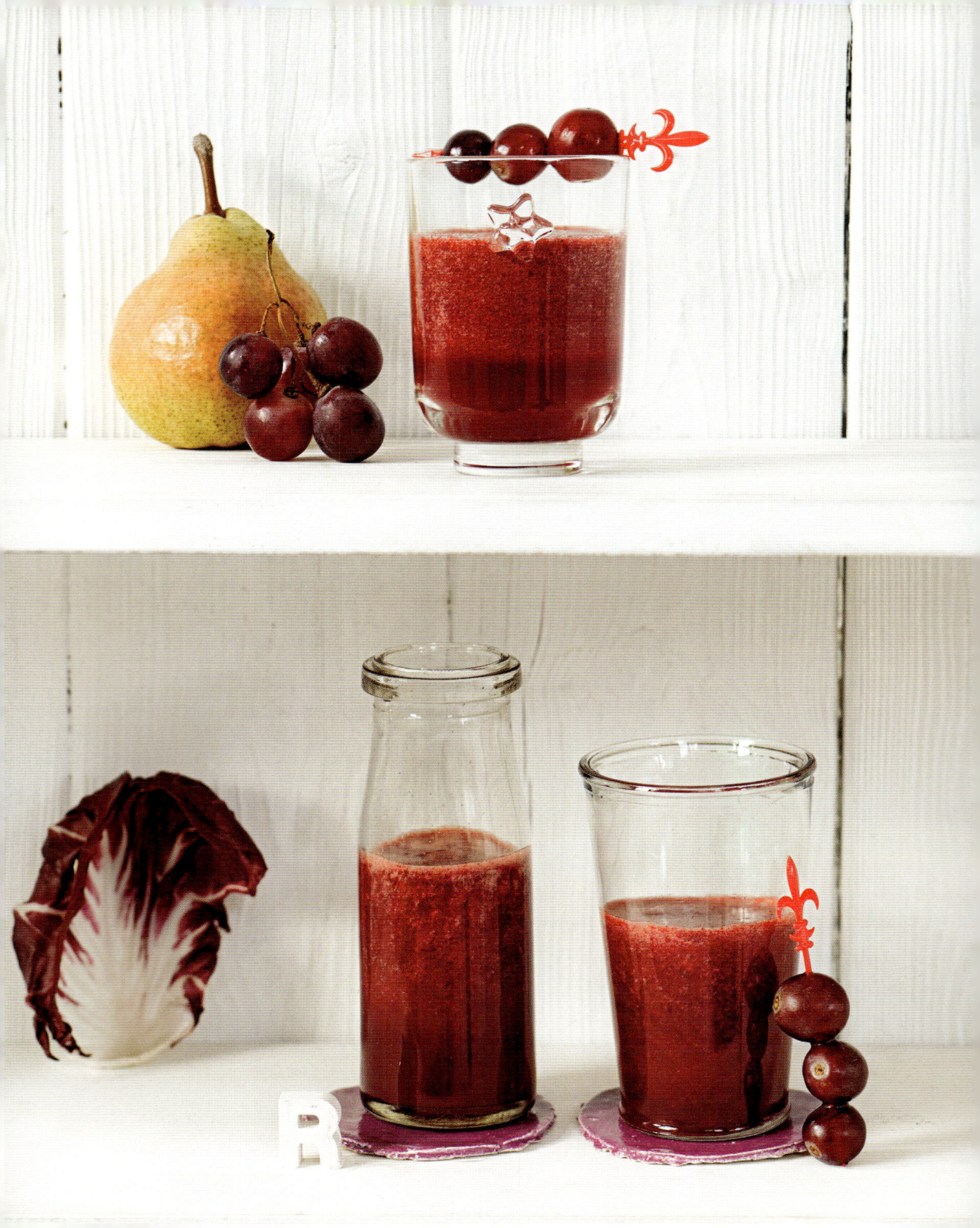

Red Passion

→ Roter grüner Smoothie
→ süßlich → pikant

Für etwa 500 ml

5 schöne Radicchioblätter
200 g süße blaue
Weintrauben
1 saftig-süße Birne
1 aromatische Tomate

1 Die Radicchioblätter waschen, trockenschütteln und quer in Streifen schneiden. Die Weintrauben waschen und entstielen. Die Birne waschen, längs vierteln, vom Kerngehäuse befreien und in kleinere Stücke schneiden. Die Tomate waschen, vierteln und klein schneiden. Für die Garnitur Weintrauben waschen und auf die Spieße stecken.

Zum Garnieren

einige Weintrauben
2 lange Holzspieße

Zubereitungszeit

15 Minuten

2 Radicchiostreifen, Weintrauben sowie Birnen- und Tomatenstücke mit etwa 100 Milliliter Wasser in den Mixer geben. Langsam starten und dann auf Höchststufe alles cremig pürieren. In Gläser füllen und mit den Weintraubenspießen garniert servieren.

Tipp → Die roten Radicchioblätter enthalten Bitterstoffe, die den Stoffwechsel anregen. Sie werden speziell bei zu hohen Cholesterinwerten empfohlen, da die Bitterstoffe auch den Cholesterinspiegel senken. Zudem verfügt Radicchio über die nervenstärkenden B-Vitamine wie Vitamin B1 und B2.

Lucky Grape

Für etwa 500 ml

50 g Brunnenkresse
1 kleine Möhre mit Grün
200 g süße helle
Weintrauben, z. B. Sultana
1 süße, saftige Birne

Zum Garnieren
2 lange Holzspieße

Zubereitungszeit
15 Minuten

1 Die Brunnenkresse waschen, trockenschütteln und klein schneiden. Die Möhre schälen und zusammen mit dem Möhrengrün fein zerschneiden. Die Trauben entstielen und waschen; die Hälfte davon auf die Holzspieße stecken. Die Birne waschen, vierteln, entkernen und klein schneiden.

2 Brunnenkresse, Möhre mit Grün, restliche Weintrauben und Birnenstücke mit etwa 200 Milliliter Wasser in den Mixer geben. Langsam starten und dann auf Höchststufe alles cremig pürieren. In Gläser füllen und mit den Traubenspießen garniert servieren.

Tipp → Fast das ganze Jahr steht frische Brunnenkresse zur Verfügung, sie ist auch problemlos im Garten oder im Topf zu ziehen. Die rundlichen, saftigen Blätter enthalten viel Vitamin C, Zink, Eisen und Jod. Sie gelten als Vitaminspender, schmecken jedoch leicht bitter und werden vor allem als Salatgewürz eingesetzt.

Afternoon-Trimmer

→ Würzig → exotisch → frisch

Für etwa 500 ml
2 Blätter Eisbergsalat
1 kleines Bund Koriander
1 Avocado
Saft von ½ Limette
1 kleine Birne
2 Maracujas
1 Prise Chilipulver

Zum Garnieren
1 Kiwi
2 lange Holzspieße

Zubereitungszeit
15 Minuten

1 Die Blätter des Eisbergsalats waschen, trockenschütteln und in Streifen schneiden. Den Koriander waschen und trockenschütteln. Die Blättchen abzupfen und grob hacken. Die Avocado schälen, halbieren, den Kern entfernen und das Fruchtfleisch mit Limettensaft beträufeln. Die Birne waschen, vierteln, entkernen und klein schneiden. Die Maracujas halbieren und das Fruchtfleisch mit einem Löffel herausschaben. Für die Garnitur die Kiwi schälen, in mundgerechte Stücke schneiden und auf die Spieße stecken.

2 Eisbergsalat, Korianderblättchen, Avocado, Birnenstücke, Maracujafruchtfleisch und Chilipulver mit etwa 200 Milliliter Wasser in den Mixer geben. Langsam starten und dann bei Höchststufe cremig pürieren. In Gläser füllen und mit den Kiwispießen garniert servieren.

Tipps → Nachmittags, wenn die Leistungskurve absinkt, wirkt dieser Smoothie wie eine »vitalisierende Hausse«: raus aus dem tiefen Tal und wieder leistungsstark nach oben. **→** Statt des dominant schmeckenden Korianders können Sie auch glatte Petersilie, Basilikum oder Kerbel verwenden.

Pomelo-Shot

→ Fruchtig → säuerlich
→ erfrischend

Für etwa 500 ml
200 g Salatgurke
200 g Pomelofruchtfleisch
3 – 5 Stängel Koriandergrün
Saft von 1 Limette
1 Prise gemahlener Zimt
100 ml Ananassaft

Zum Garnieren
1 Pomelo
2 lange Holzspieße

Zubereitungszeit
15 Minuten

1 Die Salatgurke gründlich waschen und in kleine Stücke schneiden. Das Pomelofruchtfleisch ebenfalls in kleine Stücke schneiden. Koriander waschen und trockenschütteln. Die Blättchen abzupfen und grob hacken. Für die Garnitur die Pomelo schälen, das Fruchtfleisch herauslösen, in mundgerechte Stücke schneiden und auf die Holzspieße stecken.

2 Gurke, Pomelo, Koriander, Limettensaft, Zimt und Ananassaft in den Mixer geben. Langsam starten und dann alles bei Höchststufe cremig pürieren. In Gläser füllen und mit den Pomelospießen garnieren.

Tipps → Die birnenförmige große Frucht Pomelo ist eine Kreuzung aus der säuerlichen Grapefruit und der süß-säuerlichen Pampelmuse. Unter der dicken Schale befindet sich hellgrün-gelbliches, hocharomatisches Fruchtfleisch, das eine gute Alternative zu anderen Zitrusfrüchten darstellt. Im Durchschnitt ergibt 1 Pomelo 600 bis 800 Gramm Fruchtfleisch, auch wenn die Früchte noch so riesig aussehen. → Bei diesem köstlich erfrischenden Smoothie kann der Zimt beispielsweise durch Himalaya-Salz ersetzt oder ergänzt werden. Statt Ananassaft können Sie je nach Geschmack oder Verfügbarkeit auch Wasser verwenden.

Karamba

Für etwa 500 ml

80 g Blattspinat
1 Sternfrucht (Karambole)
1 Banane
100 g süßes
Ananasfruchtfleisch

Zubereitungszeit
15 Minuten

1 Den Blattspinat waschen, trockenschütteln und etwas kleiner zupfen. Die Sternfrucht waschen, einige Scheiben für die Garnitur abschneiden, den Rest klein schneiden. Die Banane schälen und in Scheibchen schneiden. Das Ananasfruchtfleisch klein würfeln.

2 Blattspinat, Sternfruchtstücke, Bananenscheibchen und Ananaswürfel mit etwa 200 Milliliter Wasser in den Mixer geben. Langsam starten und dann bei Höchststufe alles cremig pürieren. In Gläser füllen und mit den Sternfruchtscheiben garnieren. Dazu die Scheiben einschneiden und an die Glasränder stecken.

Tipps → Statt Wasser können Sie auch frisches Kokoswasser oder Kokosmilch verwenden – oder Sie mischen beides zu gleichen Teilen. → Die Karambole ist vor allem unter dem Namen »Sternfrucht« bekannt, weil sie mit ihren Zacken nach dem Aufschneiden in Scheiben wie ein Stern aussieht. Die aus Asien stammende Frucht besteht zu etwa 90 Prozent aus Wasser und ist durch den hohen Anteil an Vitamin A und Vitamin C für eine gesunde Ernährung sehr zu empfehlen. Das säuerliche Fruchtfleisch ist anfänglich gewöhnungsbedürftig, kann aber gut mit süßen Früchten wie beispielsweise Bananen kombiniert werden.

Rosenrot

→ Süß-säuerlich → energiereich
→ raffiniert

Für etwa 500 ml
4 Blätter Bataviasalat
1 Granatapfel
2 Orangen
1 EL Mandelmus

Zubereitungszeit
20 Minuten

1 Die Salatblätter waschen, trockenschütteln und in Streifen schneiden. Den Granatapfel aufschneiden und die Kerne herauslösen. Etwa ein Drittel der Kerne in zwei Gläser geben. Die Orangen so schälen, dass auch die weiße Haut entfernt wird, und das Fruchtfleisch in kleine Stücke schneiden.

2 Salatstreifen, restliche Granatapfelkerne, Orangen-stücke und Mandelmus mit etwa 200 Milliliter Wasser in den Mixer geben. Langsam starten und dann alles bei Höchststufe cremig pürieren. In die mit Granat-apfelkernen gefüllten Gläser gießen.

Tipps → Es kann auch der ganze Granatapfel im Smoothie püriert werden, denn nicht jeder mag auf Kerne beißen. Dazu aber die Süße in Form von Mandelmus oder Banane erhöhen, je nach Geschmack. → Die leicht säuerlichen Granatapfelkerne enthalten viel Kalium, Kalzium und Eisen. In Bezug auf Vitamin C wird diese Frucht oftmals überschätzt, im Vergleich dazu hat die Orange viel mehr Vitamin C.

Sweet Nina

→ Schmeckt auch Kindern
→ fruchtig-cremig → süß

Für etwa 500 ml
50 g Pflücksalate
1 kleines Bund gemischte
Kräuter, z. B. Pimpernelle,
Basilikum, Oregano, Kerbel,
Petersilie
1 kleine, süße Mango
1 reife Banane
3 Weinbergpfirsiche
1 TL Ahornsirup

Zum Garnieren
2 lange Holzspieße

Zubereitungszeit
15 Minuten

1 Die Pflücksalate waschen, trockenschwenken und klein schneiden. Die Kräuter waschen und trockenschütteln; die Blättchen abzupfen und etwas hacken. Die Mango schälen, das Fruchtfleisch vom Kern schneiden. Die Banane schälen und in Scheibchen schneiden. Die Weinbergpfirsiche waschen; 1 Pfirsich in mundgerechte Stücke schneiden und auf die Holzspieße stecken. Die beiden anderen Pfirsiche klein schneiden.

2 Pflücksalate, Kräuter, Mango, Bananenscheibchen, Pfirsichstücke und Ahornsirup mit 200 Milliliter Wasser in den Mixer geben. Langsam starten und dann bei Höchststufe cremig pürieren. In Gläser füllen und mit den Pfirsichspießen garnieren.

Tipp → Je süßer bzw. je höher der Fruchtanteil und damit die Süße, desto mehr kann man Kinder mit einem Smoothie locken. Nina besteht bei diesem Smoothie auf mehr Banane und weniger »Grünzeug«. Doch beim Thema Gesundheit sind Mütter eben oftmals erfinderisch und pürieren mehr Grünes hinein, als sie zugeben.

Lunch for Rose

→ Nahrhaft → harmonisch
→ lecker

Für etwa 500 ml
4 kleine Chinakohlblätter
1 kleines Bund glatte
Petersilie
1 Orange
2 kleine, süße Bananen
1 Prise Cayennepfeffer

Zum Garnieren
1 Apfel, z. B. Red Delicious
2 lange Holzspieße

Zubereitungszeit
15 Minuten

1 Die Chinakohlblätter waschen, trockenschütteln und quer in feine Streifen schneiden. Die Petersilie waschen, trockenschütteln und die Blättchen abzupfen. Die Orange so schälen, dass auch die weiße Haut entfernt wird, und das Fruchtfleisch klein schneiden. Die Bananen schälen und in Scheibchen schneiden. Für die Garnitur den Apfel waschen, vierteln, entkernen und in mundgerechte Stücke schneiden. Auf die Holzspieße stecken.

2 Chinakohlstreifen, Petersilienblättchen, Orangenstücke, Bananenscheibchen und Cayennepfeffer mit etwa 200 Milliliter Wasser in den Mixer geben. Langsam starten und dann bei Höchststufe alles cremig pürieren. In Gläser füllen und mit den Apfelspießen garnieren.

Tipp → Mein Herbstfavorit am Schreibtisch: Dieser Smoothie belastet nicht, sondern gibt im Gegenteil viel Energie zum Weiterarbeiten. Manchmal streue ich auch noch Kokosraspel über den Smoothie oder esse eine Handvoll gemischte Nüsse – etwa Walnüsse, Haselnüsse, Cashewkerne oder Mandeln – dazu. Nüsse gelten als »Brainfood«, sie ergänzen den Smoothie als vitalisierenden Energiespender ideal.

Mint Autumn

→ **Erfrischend** → **fruchtig**
→ **reinigend**

Für etwa 500 ml

1 kleines Bund Minze
1 Stange Staudensellerie
1 kleine, saftige Birne
1 Banane
5 Datteln

Zubereitungszeit
15 Minuten

1 Die Minze waschen und trockenschütteln, die Blättchen abzupfen. Den Sellerie ebenfalls waschen. Die Blättchen für die Garnitur abzupfen und beiseitelegen und den Sellerie in kleine Stücke schneiden. Die Birne waschen, vierteln, entkernen und klein schneiden. Die Banane schälen und in Stücke schneiden. Die Datteln entkernen und klein schneiden.

2 Minze, Selleriestücke, Birne, Banane und Datteln mit etwa 250 Milliliter Wasser in den Mixer geben. Langsam starten und bei Höchststufe alles cremig pürieren. In Gläser füllen und mit den beiseitegelegten Sellerieblättchen garnieren.

Tipps → Dieser erfrischende Smoothie ist ein Turbo-Wachmacher und Energiespender satt, denn Fruchtzucker und Stärke füllen die Depots zügig auf. → Statt nur Minze können Sie auch halb Minze und halb Petersilie verwenden und zusätzlich etwas frischen Ingwer dazureiben.

Ananas-Kombi

→ Süß-säuerlich → belebend
→ Detoxfood

Für etwa 500 ml
2 Mangoldblätter
½ süße Babyananas
1 kleine Banane
5 EL Sauerkrautsaft

Zubereitungszeit
15 Minuten

1 Die Mangoldblätter waschen, klein schneiden und etwa ein Drittel davon in feinste Streifen für die Garnitur schneiden. Die Ananas schälen, entstrunken und in kleine Stücke schneiden. Die Banane schälen und klein schneiden.

2 Mangoldstücke, Ananas, Banane und Sauerkrautsaft mit etwa 150 Milliliter Wasser in den Mixer geben. Langsam starten und bei Höchststufe alles cremig pürieren. In Gläser füllen und mit den Mangoldstreifen garniert servieren.

Tipps → Greifen Sie beim Kauf der Ananas auf eine Flugananas zurück. Diese werden reif gepflückt und kommen so bereits süß in den Handel. Im Gegensatz dazu reifen vielfach Ananas in Kühlhäusern nach. → Bei einem trägen Darm ist der Zusatz von Sauerkrautsaft wie in obigem Rezept sehr zu empfehlen – aber auch als Vitamin-C-Bombe in der Erkältungszeit.

Im
WINTER –
go for green!

Speziell im Winter wirkt eine »Vitamindusche« von innen wahre Wunder. Das Immunsystem muss noch mehr gegen Erkältungen gestärkt werden, und dabei hilft die grüne Apotheke der Natur besonders. Vitamin C – die Feuerwehr bei Erkältungen – steckt in Paprikaschoten, Zitrusfrüchten und Kohl. Vitamin A stärkt das Immunsystem und ist in Feldsalat, Fenchel, Grünkohl und Möhren enthalten. Vitamin K – bekannt für seine vitalisierenden Kräfte – steckt vor allem in grünem Blattgemüse und Salaten. Die Salat-, Gemüse- und Obstabteilung bietet als Vitaminbar im Winter einiges, das sich zu einem wohltuenden grünen Smoothie mixen lässt.

→ Ananas, Äpfel, Avocados, Bananen, Bataviasalat, Birnen, Brunnenkresse, Chicorée, Datteln, Drachenfrüchte, Endivie, Feldsalat, Fenchel, Friséesalat, Granatäpfel, Grapefruits, Grünkohl, Guaven, Ingwer, Kakifrüchte, Kiwis, Kohlrabiblätter, Lauch, Limetten, Litschis, Mandarinen, Mangold, Mangos, Maracujas, Möhren, Orangen, Pak Choi, Petersilie, Pflücksalate, Portulak, Postelein, Romanasalat, Rote-Bete-Blätter, Sellerie, Spinat, Tomaten, Wirsing

Animare

→ Belebend → exotisch
→ wunderbar

Für etwa 500 ml

1 kleine, saftige Mango
etwa 2 cm frische
Ingwerwurzel
50 g zarte Kohlrabiblätter
1 kleiner Apfel
1 kleine Banane

Zum Garnieren
1 TL Kokosraspel

Zubereitungszeit
15 Minuten

1 Die Mango schälen, das Fruchtfleisch vom Kern schneiden. Den Ingwer ebenfalls schälen und etwas zerkleinern. Die Kohlrabiblätter waschen und klein schneiden. Den Apfel waschen, vierteln, entkernen und in kleine Stücke schneiden. Die Banane schälen und in Scheiben schneiden.

2 Mango, Ingwer, Kohlrabiblätter, Apfelstücke und Bananenscheiben mit 200 Milliliter Wasser in den Mixer geben. Langsam starten und dann bei Höchststufe alles cremig pürieren. In Gläser füllen und mit Kokosraspeln bestreut servieren.

Tipp → Äpfel und Birnen können auch mit den Kernen gemixt werden. Das hängt in erster Linie vom verwendeten Mixer ab, bei Hochleistungsmixern sind die Kerne kein Problem. Entgegen früheren Ernährungsmythen, die dem Verzehr von Apfelkernen skeptisch gegenüberstanden, wird heute zum Essen des ganzen Apfels animiert, da Apfelkerne gesund sind und das wertvolle Vitamin B17 (Amygdalin) enthalten, das als Antioxidans die Zellen vor freien Radikalen schützt.

Postelein-Mix

→ **Erfrischend** → **wohltuend**
→ **simpel**

1 Die Cranberrys mit 100 Milliliter kaltem Wasser begießen und etwa 1 Stunde quellen lassen. Die Posteleinblätter waschen, trockenschütteln und klein schneiden. Die Birnen waschen, vierteln, entkernen und in kleine Stücke schneiden. Die Banane schälen und in Scheibchen schneiden.

2 Postelein, Birnenstücke und Bananenscheibchen mit etwa 200 Milliliter Wasser in den Mixer geben. Langsam anlaufen lassen und dann auf Höchststufe cremig pürieren. In Gläser füllen und mit den abgetropften Cranberrys garnieren.

Für etwa 500 ml
100 g Postelein (Winter-Portulak vom Bauernmarkt)
2 kleine, süße Birnen
1 Banane

Zum Garnieren
1 TL getrocknete Cranberrys

Zubereitungszeit
15 Minuten plus
1 Stunde Quellzeit

Tipp → Sie können die eingeweichten Cranberrys mitsamt dem Einweichwasser auch mit in den Smoothie mixen. Der Cranberry, einer Verwandten der Preiselbeere sowie der Heidelbeere, wird ausschließlich Gutes nachgesagt: Sie wirkt antibakteriell und ist für einen hohen Vitamin-C-Gehalt bekannt. Roh schmeckt sie säuerlich, getrocknet ähnelt sie geschmacklich der Rosine.

Go for Green

→ Fruchtig → würzig
→ belebend

Für etwa 500 ml
3 Mangoldblätter
1 Drachenfrucht
200 g Babyananas
1 TL Agavendicksaft
(siehe S. 25)

Zum Garnieren
2 lange Holzspieße

Zubereitungszeit
15 Minuten

1 Die Mangoldblätter waschen, trockenschütteln und quer in kleinere Streifen schneiden. Die Drachenfrucht schälen und in kleine Stücke schneiden. Die Baby-ananas ebenfalls schälen, klein schneiden und für die Garnitur die Hälfte der Stücke auf die Spieße stecken.

2 Mangoldstreifen, Drachenfruchtstücke, restliche Ananas und Agavendicksaft mit etwa 200 Milli-liter Wasser in den Mixer geben. Den Mixer langsam anlaufen lassen, dann alles kräftig mixen und fein pürieren. In Gläser füllen und mit den Ananasspießen garniert servieren.

Tipps → Nach Belieben mit etwas frisch abgeriebener Bio-Orangenschale bestreuen. → Die Drachenfrucht, auch als Pitahaya bekannt, besteht zu etwa 90 Pro-zent aus Wasser. Das weiße oder rote Fruchtfleisch ist mit kleinsten Kernen durchsetzt und schmeckt cremig-fruchtig. Die pinkfarbene Frucht ist reif, wenn sie auf Fingerdruck leicht nachgibt. Diese Vitaminbomben enthalten vor allem Vitamin E und C, aber auch Eisen, Kalzium und Phosphor.

Prinz Coco

Für etwa 500 ml
4 Grünkohlblätter
½ Babyananas
1 Banane
250 ml Kokoswasser

Zum Garnieren
1 TL Chiasamen

Zubereitungszeit
15 Minuten

1 Die Grünkohlblätter waschen, trockenschütteln und quer in schmale Streifen schneiden. Die Ananas schälen, vom Strunk befreien und in kleine Stücke schneiden. Die Banane schälen und in Scheibchen schneiden.

2 Grünkohlstreifen, Ananasstücke, Bananenscheibchen und Kokoswasser in den Mixer geben. Langsam starten und dann bei Höchststufe alles cremig pürieren. In Gläser füllen und mit den Chiasamen bestreut servieren.

Tipps → Kokoswasser ist durchsichtig wie Wasser und befindet sich im Inneren der grünen Kokosnuss. Die frische Frucht bekommt man in der Regel in Asialäden, daraus lässt sich auch das Kokoswasser gewinnen. Es schmeckt köstlich und bringt bei Kreislaufbeschwerden oder Unwohlsein den Elektrolythaushalt schnell wieder auf Vordermann. Es gibt das Kokoswasser auch in Tetra Paks, beispielsweise in Drogerien.
→ Die mohnähnlichen runden Samen der Chiapflanze stammen aus Südamerika. Sie enthalten viele Proteine und schmecken zudem köstlich mild und nussig. Ein ideales »Brainfood«! → Viele Bio-Gärtnereien bieten inzwischen eine neue Variante des Grünkohls an. Der »Grünkohl Baby-leaf« ist schon während der Sommermonate erhältlich und braucht nicht den ersten Frost wie herkömmlicher Grünkohl.

Good Mood

→ Fruchtig → kernig
→ das mögen auch Kinder

1 Den Feldsalat verlesen, waschen, trockenschütteln und klein zupfen. Die Petersilie waschen und trockenschütteln; die Blättchen abzupfen und grob hacken. Die Maracujas halbieren, das Fruchtfleisch herausschaben. Die Orange so schälen, dass auch die weiße Haut entfernt wird, und das Fruchtfleisch in kleine Stücke schneiden. Eventuelle Kerne entfernen. Die Kiwis schälen und klein schneiden.

2 Feldsalat, Petersilie, Maracujafruchtfleisch, Orangen- und Kiwistücke sowie Kokosmilch mit 100 Milliliter Wasser in den Mixer geben. Langsam starten und dann bei Höchststufe alles cremig pürieren. In Gläser füllen und die Zitronengrasstiele zum Umrühren in die Gläser stecken.

Für etwa 500 ml
50 g Feldsalat
etwa 5 Stängel Petersilie
2 Maracujas
1 kleine, süße Orange
2 Kiwis Gold (siehe Tipp)
100 ml Kokosmilch

Zum Garnieren
2 Stiele Zitronengras

Zubereitungszeit
15 Minuten

Tipp → Goldene Kiwis haben im Gegensatz zur Kiwi Green ein helles Fruchtfleisch. Kiwi Gold ist eine Neuzüchtung mit glatter Schale; die grüne Kiwi hat hingegen eine haarige Oberfläche. In ernährungsphysiologischer Hinsicht unterscheiden sie sich nicht, im Geschmack ist die helle Kiwi etwas milder als die leicht säuerliche grüne Kiwi. Nur der Preis ist unterschiedlich: Die grüne Kiwi ist etwas günstiger.

Orange Chic

→ Fruchtig → würzig → simpel

Für etwa 500 ml
100 g Chicorée
2 kleine, süße Bio-Orangen
1 Banane
1 Messerspitze Currypulver

Zubereitungszeit
15 Minuten

1 Den Chicorée entblättern, waschen und klein schneiden. 1 Orange gründlich waschen, trockenreiben und etwa die Hälfte der Schale fein abreiben. Beide Orangen so schälen, dass auch die weiße Haut entfernt wird, und das Fruchtfleisch in kleine Stücke schneiden. Eventuelle Kerne entfernen. Die Banane schälen und in Scheibchen schneiden.

2 Chicorée, Orangenstücke, Bananenscheibchen und Currypulver mit etwa 200 Milliliter Wasser in den Mixer geben. Langsam starten und dann bei Höchststufe alles cremig pürieren. In Gläser füllen und mit der abgeriebenen Orangenschale bestreut servieren.

Tipp → Im Handel wird weißer und roter Chicorée angeboten. Der weiße Chicorée ist leicht bitter, hat aber eine insgesamt angenehm herbe Note und ist im Geschmack sehr zart. Der rote Chicorée schmeckt mild und dabei würzig, ohne die leicht bittere Note des weißen Chicorées. Im Zusammenspiel mit der fruchtigen Banane sowie den Orangen schmeckt der Chicorée ausgleichend harmonisch. 100 Gramm Chicorée haben gerade einmal 16 Kilokalorien, dafür aber die Vitamine A, B und C sowie reichlich Kalium, Kalzium, Phosphor und Magnesium.

Dattel-Kiss

→ Das mögen Kinder
→ süß-cremig → lecker

Für etwa 500 ml
50 g Rote-Bete-Blätter
100 g Datteln
1 Banane
Saft von ½ Limette
200 ml Mandelmilch
(siehe Tipp)

Zum Garnieren
1 Banane
4 Datteln
2 lange Holzspieße

Zubereitungszeit
10 Minuten

1 Die Rote-Bete-Blätter waschen, trockenschütteln und etwas kleiner schneiden. Die Datteln entkernen und in kleine Stücke schneiden. Die Banane schälen, in Scheiben schneiden und mit etwas Limettensaft vermengen. Für die Garnitur die Banane schälen, in mundgerechte Stücke schneiden und mit dem restlichen Limettensaft beträufeln. Abwechselnd mit den Datteln auf die Holzspieße stecken.

2 Rote-Bete-Blätter, Datteln, Bananenscheiben und Mandelmilch in den Mixer geben. Langsam starten und dann bei Höchststufe cremig pürieren. In Gläser füllen und mit den Bananen-Dattel-Spießen garnieren.

Tipps → Die milchähnliche Farbe gab dem flüssigen Mandelgetränk den Zusatz Milch, obwohl keine darin enthalten ist. Die geschälten Mandeln werden fein vermahlen und mit Wasser sowie 1 Prise Meersalz oder etwas Agavendicksaft vermischt, das gleicht das Getränk harmonisch aus. Erhältlich ist Mandelmilch in Drogerien und Bio-Märkten; Sie können aber auch Mandelmus mit Wasser vermischen und erhalten so auch eine Mandelmilch. → Auch andere pflanzliche bzw. vegane Getränke wie Getreidemilch (Hafer-, Reis-, Sojamilch), Haselnuss- oder Sesammilch enthalten das Zusatzwort »Milch«. Alle haben eines gemeinsam: Sie sind wertvolle Lieferanten von knochenstärkendem Kalzium.

My green Favorite

→ **Für Kinder** → **süß**
→ **wohltuend**

Für etwa 500 ml
50 g Spinatblätter
(siehe Tipp)
2 grüne Kiwis
1 Apfel, z.B. Granny Smith
1 Birne
2 kleine Bananen

Zum Garnieren
1 kleine Birne
2 lange Holzspieße

Zubereitungszeit
15 Minuten

1 Die Spinatblätter verlesen, waschen und etwas kleiner zupfen. Die Kiwis schälen und klein schneiden. Den Apfel sowie die Birne waschen, vierteln, entkernen und in kleine Stücke schneiden. Die Bananen schälen und in Scheiben schneiden. Für die Garnitur die Birne waschen, vierteln, entkernen, quer in mundgerechte Stücke schneiden und auf die Spieße stecken.

2 Spinat, Kiwis, Apfel- und Birnenstücke sowie Bananenscheiben mit etwa 100 Milliliter Wasser in den Mixer geben. Langsam starten und dann alles bei Höchststufe cremig pürieren. In Gläser füllen und mit den Birnenspießen garniert servieren.

Tipp → Mit einem Hochleistungsmixer lässt sich auch gefrorener Blattspinat verwenden. Das ist eine Alternative, wenn frischer Blattspinat nicht zu bekommen ist. Jedoch darauf achten, dass es kein Rahmspinat ist, sondern kleine, gefrorene Spinatstücke, die auch als Nuggets bezeichnet werden. Sie sind praktisch, einzeln entnehmbar und verleihen einer spontanen Smoothie-Session einen cremig-grünen Kick.

Winter-Fiesta

→ Schmeckt auch Kindern
→ wohltuend → nussig

Für etwa 500 ml
2 getrocknete Feigen
3 Wirsingblätter
2 saftige Mandarinen
1 Orange
100 ml Kokosmilch

Zum Garnieren
2 lange Holzspieße

Zubereitungszeit
15 Minuten plus
1 Stunde Einweichzeit

1 Die Feigen mit etwa 100 Milliliter Wasser begießen und für 1 Stunde quellen lassen. Die Wirsingblätter waschen und quer in Streifen schneiden. Die Mandarinen schälen und in Spalten teilen, die Hälfte davon für die Garnitur auf die Spieße stecken. Die Orange so schälen, dass auch die weiße Haut entfernt wird, und das Fruchtfleisch klein schneiden. Die eingeweichten Feigen ebenfalls klein schneiden, dabei das Einweichwasser auffangen.

2 Feigen mitsamt Einweichwasser, Wirsing, restliche Mandarinen, Orangenstücke und Kokosmilch in den Mixer geben. Nach Belieben noch etwas Wasser hinzufügen. Langsam starten und dann bei Höchststufe cremig pürieren. In Gläser füllen und mit den Mandarinenspießen garniert servieren.

Tipp → Falls keine Kinder mittrinken, einfach den Smoothie peppig anfeuern, beispielsweise mit etwas Cayennepfeffer, frischem Ingwer oder einem Hauch Chili.

Fenchel-Kaki

→ Fruchtig → würzig
→ schmeckt auch Kindern

Für etwa 500 ml
½ Fenchelknolle mit Grün
1 aromatische Tomate
2 Kakifrüchte
1 Orange
1 Banane

Zum Garnieren
2 lange Holzspieße

Zubereitungszeit
10 Minuten

1 Die Fenchelknolle putzen, quer in feine Streifen schneiden, waschen und abtropfen lassen. Das Fenchelgrün etwas kleiner zupfen. Die Tomate waschen und klein schneiden. Die Kakifrüchte waschen und halbieren; etwa ein Viertel davon in mundgerechte Stücke schneiden und für die Garnitur auf die Spieße stecken. Die Orange so schälen, dass auch die weiße Haut entfernt wird, und das Fruchtfleisch klein schneiden. Die Banane schälen und in Scheibchen schneiden.

2 Fenchel, Fenchelgrün, Tomate, restliche Kaki, Orangenstücke und Bananenscheibchen mit etwa 100 Milliliter Wasser in den Mixer geben. Langsam starten und dann bei Höchststufe alles cremig pürieren. In Gläser füllen und mit den Kakispießen garnieren.

Tipp → Die orangefarbenen kugeligen Früchte des Kakibaums schmecken leicht süßlich-cremig. Statt der Kakifrüchte können auch die ähnlich schmeckenden Sharonfrüchte verwendet werden, die aber über weiches Fruchtfleisch verfügen und dadurch nicht aufgespießt werden können.

Frisée-Mango

→ Bekömmlich → vitalisierend
→ schmeckt auch Kindern

Für etwa 500 ml
5 Blätter Friséesalat
1 kleine, saftige Mango
1 süßlicher Apfel
1 Banane

Zum Garnieren
1 Orange
2 lange Holzspieße

Zubereitungszeit
15 Minuten

1 Den Salat waschen, trockenschütteln und in Streifen schneiden. Die Mango schälen, das Fruchtfleisch vom Kern schneiden und klein würfeln. Den Apfel waschen, vierteln, entkernen und in kleine Stücke schneiden. Die Banane schälen und in Scheiben schneiden. Für die Garnitur die Orange so schälen, dass auch die weiße Haut entfernt wird. Das Fruchtfleisch in mundgerechte Stücke schneiden und auf die Spieße stecken.

2 Friséesalat, Mangowürfel, Apfelstücke und Bananenscheiben mit 200 Milliliter Wasser in den Mixer geben. Langsam starten und dann bei Höchststufe alles cremig pürieren. In Gläser füllen und mit den Orangenspießen garniert servieren.

Tipp → »Lebendiges« Pflanzengrün, knackig frisch, ist das oberste Gebot bei der Zubereitung eines grünen Smoothies. Falls kein Friséesalat zur Verfügung steht oder der Salat schon welk aussieht, einfach eine andere Salatsorte wählen. Ob Feldsalat, Romanasalat, Portulak oder Kopfsalat – Hauptsache: frisch!

Tomaten-Tiger

→ Gemüsig → würzig → cremig

Für etwa 500 ml

100 g Salatgurke
150 g Cherrytomaten
1 Stange Staudensellerie
5 Stängel Petersilie
Saft von 1 Mandarine

Zubereitungszeit
15 Minuten

1 Die Salatgurke gründlich waschen und klein schneiden. Die Tomaten waschen und ebenfalls klein schneiden. Den Sellerie waschen, putzen und klein würfeln. Das Selleriegrün für die Garnitur klein hacken. Die Petersilie waschen und trockenschütteln; die Blättchen abzupfen und grob hacken.

2 Salatgurke, Tomaten, Selleriewürfel und Petersilie mit dem Mandarinensaft und 200 Milliliter Wasser in den Mixer geben. Langsam starten und dann bei Höchststufe cremig pürieren. In Gläser füllen und mit Selleriegrün garnieren.

Tipps → Dieser grüne Tomatentrunk kann gut mit Meersalz, grob geschrotetem Pfeffer und einem Hauch Cayennepfeffer gewürzt werden. Oder Sie würzen tröpfchenweise mit Tamari, einer japanischen Sojasauce. → Beim Tomatenkauf im Winter gilt das Motto: Je kleiner die Früchte, umso konzentrierter der Geschmack. Daher auf Cocktail- oder Cherrytomaten zurückgreifen, nicht auf große Fleischtomaten.

Litschi-Banana

→ Cremig → mild
→ schmeckt auch Kindern

1 Den Portulak verlesen, waschen, gründlich abtropfen lassen und klein schneiden. Die Orange so schälen, dass auch die weiße Haut entfernt wird, eventuell entkernen und das Fruchtfleisch in kleine Stücke schneiden. Die Bananen schälen und in Scheiben schneiden. Die Litschis, auch die für die Garnitur, schälen und vom Kern befreien. 4 Litschis halbieren und auf die Holzspieße stecken.

2 Portulak, Orangenstücke, Bananenscheiben und restliche Litschis mit etwa 200 Milliliter Wasser in den Mixer geben. Langsam starten und dann bei Höchststufe alles cremig pürieren. In Gläser füllen und mit den Litschispießen garniert servieren.

Für etwa 500 ml
50 g Portulak
1 Orange
2 Bananen
100 g Litschis

Zum Garnieren
4 Litschis
2 lange Holzspieße

Zubereitungszeit
15 Minuten

Tipps → Statt der Litschis können Sie auch Rambutan verwenden – die Schwester der Litschi, ebenfalls eine tropische Frucht, ist mit weichen Borsten besetzt. → Litschis schmecken köstlich mild und verfügen nicht nur über eine angenehme Süße, sondern auch über reichlich B-Vitamine und Vitamin C.

Im Winter – go for green!

Zutaten-
register

Weiterführende
Links

www.GrüneSmoothies.de
Onlineshop mit Hochleistungsmixern und Zubehör für die Zubereitung von grünen Smoothies sowie mit vielen Einsteigerinfos und eigener Mixerberatung in Berlin und Hamburg

www.kraeuter-verzeichnis.de
Das Kräuterverzeichnis gibt einen Überblick über die wichtigsten Heilkräuter von Ackersenf bis Zitronenmelisse und ausführliche Informationen zu den Wirkstoffen, Sammelzeiten etc.

www.lifefood24.de
Onlineshop für naturbelassene, vegane Lebensmittel wie Trockenfrüchte, Nüsse und Superfoods

www.vebu.de
Die Seite des Vegetarierbundes Deutschland bietet Informationen und nützliche Tipps rund um das Thema vegetarische Ernährung sowie vegetarische Rezepte.

Impressum

1. Auflage
© 2015 by Südwest Verlag, einem Unternehmen der Verlagsgruppe Random House GmbH, 81673 München

Hinweis

Die Ratschläge in diesem Buch sind von Autorin und Verlag sorgfältig erwogen und geprüft; dennoch kann eine Garantie nicht übernommen werden. Eine Haftung der Autorin bzw. des Verlags und dessen Beauftragten für Personen-, Sach- und Vermögensschäden ist ausgeschlossen.

Der Verlag weist ausdrücklich darauf hin, dass bei Links im Buch zum Zeitpunkt der Linksetzung keine illegalen Inhalte auf den verlinkten Seiten erkennbar waren. Auf die aktuelle und zukünftige Gestaltung, die Inhalte oder die Urheberschaft der verlinkten Seiten hat der Verlag keinerlei Einfluss. Deshalb distanziert sich der Verlag hiermit ausdrücklich von allen Inhalten der verlinkten Seiten, die nach der Linksetzung verändert wurden, und übernimmt für diese keine Haftung.

Bildnachweis

Foodfotos und Requisitenstyling: Maike Jessen, www.maikejessen.de
Foodstyling: Diane Dittmer
Fotolia: 17 m. (alisseja), 21 (peangdao), 24 (Andrea Berger); Shutterstock: 9 (Kesu), 14 (DUSAN ZIDAR), 17 o. (Marta Jonina), 17 u. (nada54), 19 (Joana Kruse), 20 (Valentyn Volkov), 26 (Svetlana Lukienko), 27 (Alexeysun); Stockfood: 2 (People Pictures)

Über die Autorin

Rose Marie Donhauser arbeitet seit 1988 als Food- und Reisejournalistin, Restauranttesterin und sehr erfolgreiche Kochbuchautorin. Sie hat weit über 150 Koch- und Genussbücher veröffentlicht, von denen viele Auszeichnungen erhielten, etwa Silbermedaillen der Gastronomischen Akademie Deutschlands oder Schweizer Goldlorbeeren. Die gelernte Köchin ist dem Genuss und auch der Gesundheit ständig auf der Spur. Unterwegs auf Gourmetreisen in der ganzen Welt holt sie sich Anregungen und setzt die Ideen in ihren Büchern und Artikeln um.

Redaktionsleitung Silke Kirsch
Projektleitung Claudia Maria Weiß
Redaktion Dr. Ulrike Kretschmer, München
Layout, DTP Andreas Rimmelspacher
Bildredaktion Tanja Zielezniak
Korrektorat Susanne Langer
Umschlaggestaltung *zeichenpool, München
Reproduktion Artilitho snc, Lavis (Trento)
Druck und Verarbeitung Alcione, Lavis (Trento)

Printed in Italy

Verlagsgruppe Random House FSC® N001967
Das für dieses Buch verwendete FSC®-zertifizierte Papier Profimatt liefert Sappi Ehingen.

ISBN 978-3-517-09324-6